Helmut F. Kaplan

Schopenhauers Pudel

*Warum unsere Liebesobjekte
austauschbar sind*

Helmut F. Kaplan

Schopenhauers Pudel

Warum unsere Liebesobjekte

austauschbar sind

Helmut F. Kaplan, geboren 1952, ist Philosoph und Autor und lebt in Salzburg. Er arbeitet hauptsächlich über Tierethik und Tierrechte. Zuletzt erschienen von ihm die Bücher „Tierrechte – Modetrend oder Moralfortschritt?" und „Digitale Höllenfahrt – Zum Katastrophenpotential virtueller Kommunikation".

Copyright © 2013 Helmut F. Kaplan

ISBN: 978-3-8482-5841-3

Herstellung und Verlag: BoD - Books on Demand, Norderstedt

Umschlaggestaltung: Kevin T. Fischer, Werkgemeinschaft Buchbande

Satz und Layout: Kevin T. Fischer, Werkgemeinschaft Buchbande

Fotos Umschlag: © Aamon - Fotolia.com, © Microstockfish - Fotolia.com

Bibliografische Information der Deutschen Nationalbibliothek:

Die Deutsche Nationalbibliothek verzeichnet diese Publikation in der Deutschen Nationalbiografie; detaillierte bibliographische Daten sind im Internet über http://dnb.dd-nb.de abrufbar

Inhalt

Vorwort

Ein zentrales Thema dieser Arbeit ist die emotionslose Wirklichkeitswahrnehmung als Lebens- bzw. Überlebenshilfe. Das sieht zunächst nach einer eher krankhaften Angelegenheit aus, bei der die Betroffenen unser Bedauern verdienen. Dabei sollte aber nicht vergessen werden, daß diese emotionslose Weltsicht, hier „neutronale Weltsicht" genannt, tendenziell sogar „philosophisch empfohlen" wird. So rät etwa Arthur Schopenhauer (1977, VIII, S. 495) dazu, auf besonders üble Eigenschaften seiner Mitmenschen nicht mit Emotionen, etwa Ärgern oder Aufregen, zu reagieren, sondern sie vielmehr als mögliche Erkenntnisquellen anzusehen. Unangenehme Zeitgenossen werden wir dann ebenso emotionslos betrachten, wie ein Mineraloge ein seltenes Gestein begutachtet.

Oft ist der extrem sachliche, Emotionen ausblendende Wahrnehmungsmodus auch schlicht eine professionelle Notwendigkeit: Kein Chirurg darf „emotional" operieren und kein Psychotherapeut mit allen mitleiden. Professionelle Distanz ist in vielen Berufen und bei vielen Tätigkeiten ebenso selbstverständlich wie unerläßlich. Auch schwierige Lebenssituationen erfordern emotionale Distanzierung. So schreibt etwa der inhaftierte ehemalige „Ölmagnat" Michail Chodorkowski (Profil, 44, 2012, S. 59): „Mit der Zeit nahm ich die Gefängnisse, Gerichte, Ermittler nur noch als Naturphänomene wahr, die man zwar studieren kann, auf die man aber emotional nicht reagieren darf."

Bei den bisherigen Beispielen emotionsloser Wahrnehmung verhält es sich tendenziell so (bzw. wird es tendenziell so gesehen), daß von der „Gesamtwirklichkeit" etwas weggelassen wird – eben die emotionalen Anteile. Mit anderen Worten: Es handelt sich um Reduktionen der Wirklichkeit. Es gibt aber auch Phänomene, bei denen die emotionslose Wahrnehmung keine Reduktion der Wirklichkeit darstellt, sondern eine „Realisierung" der Wirklichkeit: Mit dem Weglassen der Emotionen werden keine „Wirklichkeitsanteile" weggelassen, sondern Hirngespinste und Halluzinationen. Ein solches Phänomen ist auch die Liebe.

Salzburg, im Dezember 2012

Helmut F. Kaplan

Die Verliebtheit zu durchschauen, heißt nicht weniger, als die Natur zu durchschauen – und sich als Mißbrauchsopfer zu erkennen: Als Opfer einer Natur, die ihre Geschöpfe unter frecher Vorspiegelung falscher Tatsachen und um eines sinnlosen Schauspiels willen zwingt, gegen die eigenen Interessen zu handeln.

Einleitung

Dieses Buch beginnt, wo das Buch „Digitale Höllenfahrt" (Kaplan, 2012a) endet: beim Versuch, Liebes- bzw. Verliebtheitsphänomene psychologisch zu erhellen. Jetzt kommen biologische und philosophische Erwägungen hinzu. In gewisser Weise ist diese Arbeit auch eine Fortsetzung meines Aphorismenbandes „Leben, Lieben, Leiden" (Kaplan, 2012b): Im Tagebuch finden sich neue „aphoristische Zuspitzungen" zu unterschiedlichen Themen.

Die Einsichten in die Liebesphänomenologie und -dynamik, wie sie im vorliegenden Band beschrieben werden, verdanke ich einer sehr seltenen Konstellation: dem parallelen Wahrnehmen des gleichen Phänomen-Verlaufs – des Verliebtseins und dessen Verschwinden – in verschiedenen Phasen:

- in der Phase des Verliebtseins;
- in der Phase, in der aufgrund diverser quasi naturgesetzlicher Veränderungen das Täuschungsszenario, das die Verliebtheit herstellt und ausmacht, bereits entlarvt ist.

Von der Person, die die zweite Phase repräsentierte, wußte ich, daß sie früher die gleichen Phänomene erzeugte, wie sie die Person der ersten Phase jetzt erzeugte. Und von der Person, die die erste Phase repräsentierte, wußte ich, daß sie in Zukunft den gleichen Stellenwert haben würde, den jetzt die andere hatte.

Liebesobjekte sind also in hohem Maße austauschbar,

die Liebesphänomene können von einer Person zur anderen „wandern". Daher auch der Titel „Schopenhauers Pudel": Laut Wikipedia hatte Schopenhauer zeitlebens einen Pudel, wobei er jedes Tier, wenn es gestorben war, durch ein ähnlich aussehendes ersetzte. Inwiefern seine diesbezüglichen „theoretischen Überlegungen" dabei den hier in bezug auf Menschen angestellten ähnelten, weiß ich nicht. In einem Punkt ging Schopenhauer aber sogar weiter: Er gab jedem Pudel den gleichen Namen!

Zum Tagebuch: Am liebsten hätte ich alle direkten Bezüge zur „Hauptdarstellerin", sprich: zum virtuellem Gegenüber in der „Digitalen Höllenfahrt" gestrichen – weil es hier vorrangig um Erkenntnisse, nicht um Emotionen gehen soll. Aber eine Streichung erwies sich als unmöglich: Die persönlichen, emotionalen Einträge sind die „Erlebnis-Seite" bzw. „Erlebens-Grundlage" der (aphoristischen) Aussagen, also Teil des „emotional-rationalen Gesamtprozesses". Das Weglassen dieser „Erlebnis-Seite" wäre mit Verständnis- und Plausibilitätseinbußen zu teuer erkauft. Und da, wo die emotionalen Komponenten schlicht der Gegenstand der sachlich-theoretischen Erörterungen sind, kam ein Weglassen ersterer sowieso nicht in Frage.

Zum Verständnis des Tagebuches ist die Kenntnis darüber nötig, was ich unter „neutronaler Weltsicht" verstehe. Hier daher die entsprechende Information (aus der „Digitalen Höllenfahrt"):

Charakteristisch für die Neutronenbombe ist (jedenfalls bei oberflächlicher Betrachtung der öffentlichen Diskussion, die im vorigen Jahrhundert über sie geführt wurde), daß sie „nur" Menschen tötet, aber keine Sachschäden anrichtet. Nach einem Neutronenbombenabwurf wären also die Städte unbeschädigt, aber menschenleer. Hieran anknüpfend bezeichne ich als „neutronale Weltsicht" jene Wahrnehmung, jene Weltanschauung im buchstäblichen Sinne, die sich (bei mir) einstellt nach der radikalen Verdrängung von allem, was irgendwie mit der (aktuell) geliebten Person zusammenhängt: Weil praktisch alles mit dieser Person zusammenhängt, mit ihr assoziativ verknüpft ist, durch diese Person seine emotionale bzw. existentielle Wertigkeit erhält, wird mit der Verdrängung dieser Person gleichzeitig quasi die ganze Welt (mit)verdrängt. Alle Emotionen werden quasi aus der Realität herausgezogen. Was übrigbleibt, ist sozusagen die rein physikalische Welt der Moleküle und Atome, eine Welt ohne emotionale Anmutungen, eine Welt, die „äußerlich" zwar genauso aussieht wie früher, aber nun eben ohne Menschen bzw. ohne menschliche Gefühle ist. Wenn ich die Welt „mit neutronalen Augen betrachte", fühle ich mich als letzter oder einziger (Über-)Lebender. In dieser Welt ärgert mich nichts mehr, freut mich nichts mehr, regt mich nichts mehr auf. Alles bleibt quasi auf der emotionalen Nullinie.

Auf diesen „emotionalen Schongang" bzw. auf das Bestreben, ihn einzulegen, verweist vielleicht auch die auffällige Vorliebe von Kreativen für trübes Wetter. So sagt etwa Woody Allen in der „Zeit" (34, 2012, S. 43), er möge die Sonne nirgends auf der Welt. Und Friederike Mayröcker kann nur schreiben, wenn „die blöde Sonne" weg ist. (Profil, 21, 2010, S. 111) Unübertreffbar wohl Heinrich Heines Lob der Finsternis aus dem Gedicht „Im Mai" (zitiert nach der Website der Johannes Gutenberg Universität Mainz):

„Es blüht der Lenz. Im grünen Wald
Der lustige Vogelgesang erschallt,
Und Mädchen und Blumen, sie lächeln jungfräulich –
O schöne Welt, du bist abscheulich!

Da lob ich mir den Orkus fast;
Dort kränkt uns nirgends ein schnöder Kontrast;
Für leidende Herzen ist es viel besser
Dort unten am stygischen Nachtgewässer. (...)

Das paßt verdrießlich zu Unglück und Qual –
Im Schattenreich, dem traurigen Tal,
In Proserpinens verdammten Domänen,
Ist alles im Einklang mit unseren Tränen."

Auf diesen „emotionalen Schongang" der neutronalen Weltsicht, auf dieses quasi emotionslose, mechanische Abfotografieren bzw. Abfilmen der Welt, kann man nach entsprechender Übung auch willentlich „umschalten".

Martin Walser (2008, S. 273) in bezug auf Goethe:

„Im Liegen hatte er ... geübt, sich ohne sie [Ulrike, Anmerkung von H. F. K] zu sehen; hatte eingeübt, dass es sie für ihn nicht mehr, nie mehr gebe; er konnte da Gefühl haben, eine Art nichts mehr durchlassende Decke über alles geworfen zu haben."

Nietzsche (2009, S. 23) empfiehlt für Phasen des Schwachseins und übergroßer Empfindlichkeit, in denen alles verletzt, einem alles zu nahe kommt und zu nahe geht, in denen die Erinnerung „eine eiternde Wunde" ist, als einzig wirklich wirksames Heilmittel den „russischen Fatalismus", einen „Fatalismus ohne Revolte", jenen Fatalismus, „mit dem sich ein russischer Soldat, dem der Feldzug zu hart wird, zuletzt in den Schnee legt. Nichts überhaupt mehr annehmen, an sich nehmen, *in* sich hineinnehmen, – überhaupt nicht mehr reagiren." Zweck dieses Fatalismus, der psychologisch bzw. „wirktechnisch" weitgehend dem neutronalen Wahrnehmen entspricht, ist die Lebenserhaltung unter lebensgefährlichen Bedingungen.

Das Problematische an der neutronalen Weltsicht ist, daß sie nicht selektiv einstellbar ist: Wenn ich quasi den Scheinwerfer, der auf die geliebte Person gerichtet ist, ausschalte, geht gleichzeitig auf der ganzen Welt das Licht aus.

Gewissermaßen in die entgegengesetzte Richtung

der neutronalen Weltsicht weisen „Kuschel-Roboter" bzw. „Subjektsimulierende Roboter" (die im Umgang mit Dementen eingesetzt werden): Hier macht man sich die starke menschliche Tendenz, Dinge zu beleben, zu „beseelen", Subjekte zu simulieren zunutze. Das Belebte, Beseelte, Simulierte umarmen zu wollen, ist, wenn es emotional positiv besetzt ist, dann quasi der nächste „logische" Impuls. Das daraus resultierende Geborgenheitsgefühl ist freilich eine eher fragile Angelegenheit. Thomas Mann (zitiert nach Schneider, 1999, S. 294) spricht von der Liebe als „dem rührend wollüstigen Umfangen des zur Verwesung Bestimmten". Und was Sigmund Freud (1969, S. 193) in bezug auf König Lear schreibt („der alte Mann ... hascht vergebens nach der Liebe des Weibes ...; nur die dritte der Schicksalsfrauen, die ... Todesgöttin, wird ihn in ihre Arme nehmen"), gilt auch allgmein: Letzlich umarmen wir das Nichts, den Tod.

Nichtsdestotrotz: Das Umarmenwollen der geliebten Person gehört zu den stärksten Impulsen überhaupt. Auch dann oder gerade dann, wenn unsere Phantasie diese Person dermaßen „verfälscht" hat, daß sie mit der real existierenden Person praktisch nichts mehr gemein hat.

Radikalste Erlebens- und Wahrnehmungsveränderungen sind ja generell untrennbar mit Liebes- bzw. Verliebtheitsphänomenen verbunden. So schreibt etwa Franz Kafka seiner Freundin Milena, daß er ihre Briefe so angespannt lese, „wie der Spatz die Krumen in meinem Zimmer aufklaubt: zitternd, horchend, spähend, alle Federn aufgebauscht". (Beilage zur Zeit, 20, 2012, S. 12) Und Felice läßt er wissen, „dass ich Dir angehöre wie ein beliebiges Ding, das Du in Deinem Zimmer hast." (Ebenda, S. 29) Und noch einmal zu Milena: „Ich sah heute einen Plan von Wien, einen Augenblick lang schien es mir unverständlich, dass man eine so große Stadt aufgebaut hat, während Du doch nur ein Zimmer brauchst." (Ebenda)

Die Elemente des Theorie-Teils sind quasi punktuell um die Themen des Tagebuchs aufgestellt und sollen schlaglichtartig einzelne Aspekte dieser Themen philosophisch oder psychologisch erhellen. Wer will, kann auch mit dem Theorie-Teil beginnen.

Tagebuch

20.3.2010

Nach Beendigung meines Tagebuchprojekts „Digitale Höllenfahrt" wollte ich zweierlei *nicht* mehr tun: Tagebuch führen, weil mir dies bei Fehlen eines zentralen Themas als Zeitvergeudung erschien, und mit der Verliebtheitsthematik fortfahren, weil ich meines Erachtens ohnehin schon zu recht guten Ergebnissen gekommen war. Unter anderem: Bei der typischen Form der Verliebtheit ist der Seins-Status des Liebesobjekts vergleichbar mit dem eines Stars, einer (weil ich ein Mann und nicht schwul bin) Schauspielerin oder Sängerin etwa, die man verehrt und anhimmelt. Es geht um das Schwärmen für eine Entität, über deren wahre Beschaffenheit man überhaupt nichts weiß, die man sich eben zusammenphantasiert.

Oder – zweites Veranschaulichungsbeispiel für den Seins-Status des Liebesobjekts: Gott! Den gibt es in Wirklichkeit ja auch nicht, der ist, wie das Liebesobjekt, auch reines Phantasieprodukt, eine Schöpfung von uns. Dieses Ergebnis, daß der Seins-Status des Liebesobjekts vergleichbar ist mit dem Seins-Status Gottes, fand ich ebenso erhellend wie originell. Meine Freude währte allerdings nicht lange, denn kurz darauf begegneten mir praktisch täglich Gedanken und Texte, die die Parallelen zwischen Liebes- und Gottessehnsucht betrafen. Die Belege für „meine" Erkenntnis wurden schließlich so massiv, daß ich mich entschloß, einsteigend mit diesem

Thema doch wieder eine Zeit lang Tagebuch zu führen. In den nächsten Tagen werde ich versuchen, diese Gedanken und Texte, in denen mir „meine" Erkenntnis begegnete, zusammenzutragen und wiederzugeben.

20.3.2010

Eine Bedingung muß ich mir allerdings stellen, wenn ich das Tagebuch schon fortsetze: Die Person, um die es in der „Digitalen Höllenfahrt" ging, darf, wenn überhaupt, nur mehr in der dritten Person vorkommen. Mit dem heutigen Datum zu beginnen, ist ohnehin schon bedenkliches Zeichen genug.

20.3.2010

Auf zwei Dinge bin ich stolz: daß ich ihr den Heiratsantrag gemacht habe und daß ich ihr nach ihren Ausfällen nicht mehr geschrieben habe. Das hebt sich in der Wirkung zwar irgendwie auf – entspricht aber gerade deshalb der Lebensrealität: Alles ist vergeblich, selbst die größten Anstrengungen ergeben in ihrer Summe – nichts.

22.3.2010

Einem Thema darf man ebensowenig zeigen, wie wichtig es für einen ist, wie man einem Menschen sagen darf, wie sehr man ihn liebt. Anderenfalls werden beide übermütig - und fressen einen auf.

22.3.2010

Die schmerzhafte Liebe zu einem Menschen kann man verzweifelt – und meist vergeblich – bekämpfen oder aber versuchen, deren vorhandene und ohnehin nicht zu unterdrückende Energie zu kanalisieren und zu nutzen. Zu nutzen für die Verwirklichung von Dingen, die mit dieser Liebe gar nichts zu tun haben. Mit anderen Worten: Vielleicht besteht das kluge, vernünftige Verhalten in diesem Bereich nicht im Bekämpfen, sondern im Umleiten der Gefühle.

23.3.2010

Wenn man Einblick in die Gesetzmäßigkeiten von Liebe / Verliebtheit / Sexualität hat, sollte es doch möglich sein, diesen Bereich gemäß diesen Gesetzmäßigkeiten und entsprechend dem eigenen Willen in den Griff zu bekommen. Zunächst gilt es aber zu entscheiden, ob man überhaupt an diesem ganzen Theater (weiter) teilnehmen will – schließlich gibt es ja auch diverse Ausstiegsmöglichkeiten (Kloster & Co). Entschließt man sich aber, an diesem Theater (weiter) teilzunehmen, sollte man sich bewußt machen, daß mit einem einigermaßen befriedigenden Sexualleben zwar nicht alle Probleme gelöst sind, wohl aber ein großer Teil von ihnen. Je besser die Triebbefriedigung, desto geringer die Theoriebildung.

23.3.2010

Die Frage ist doch, etwa beim Einschlafen: Gibt es etwas Positives, Beruhigendes, auf das man sich verlassen kann, an dem man sich festhalten kann, *ohne* daß dabei sein realistisches bzw. rationales Ich erröten müßte. Die Antwort lautet meist leider nein. Was beruhigt, ist illusionär, was real ist, beunruhigt.

24.3.2010

Es gibt mehrere Möglichkeiten, mit der grundsätzlichen Sinnlosigkeit unseres Daseins umzugehen, zum Beispiel: sich mit Arbeit oder Alkohol abzulenken. Die vermutlich „reifste", mit Sicherheit aber schwierigste Reaktion: sich der Sinnlosigkeit schutzlos ausliefern, die Sinnlosigkeit in ihrer ganzen Wucht ertragen.

24.3.2010

Da ich mich entschlossen habe, nur mehr zu arbeiten, wenn ich wirklich will, wenn ich Lust dazu verspüre, dauert alles etwas länger. Ich wollte ja schon längst die Belege für den frappierend ähnlichen Seins-Status von Liebesobjekten und Gott zusammensuchen. Daß ich nun tatsächlich viel weniger arbeite, spricht für mich: Arbeiten ist ja oft nur der Ausdruck von Angst vor der Sinnlosigkeit bzw. davor, sie sich eingestehen zu müssen.

Zurück zum ähnlichen Seins-Status von Liebesobjekten und Gott: Etwas, was ich bereits vor vielen Jahren mit größtem Staunen bemerkt habe: Wenn der Papst irgendwo auftritt – der Papst paßt hier insofern gut, als er ja, wenn ich recht informiert bin, der Stellvertreter Gottes ist –, dann unterscheidet sich die distanz- und kritiklose Ausgelassenheit, Begeisterung und Hysterie der Klosterschwestern kaum vom Verhalten von Groupies bei Rockkonzerten! Und was mir vor ein paar Tagen beim Heimweg vom Bräustübl auffiel (zuerst durch ein Fenster der Müllner Kirche, dann beim Nachprüfen in der Kirche selbst): Diese immer wiederkehrende Darstellung von Jesus in den Armen Marias entspricht ja auch einer typischen, ja archetypischen (männlichen) Geborgenheitsphantasie: sich in den Armen einer Frau deren Liebe und Fürsorge sicher zu sein und sich beschützt zu fühlen.

24.3.2010

Angesichts der immensen Dummheit und Schlechtigkeit der Menschen ist, sich über Dummheit und Schlechtigkeit der Menschen aufzuregen, das reinste Wahnsinns- und Selbstmordprogramm.

24.3.2010

An der Sinnlosigkeit des Lebens würden wir nicht leiden, wenn wir uns nicht idiotischerweise hätten einreden lassen, daß das Leben einen Sinn habe. Und an der Lieblosigkeit des Lebens würden wir nicht leiden, zumindest nicht so sehr, wenn wir uns nicht idiotischerweise hätten einreden lassen, daß es Liebe gebe.

25.3.2010

Folgende Gedanken hatte ich für ein Vorwort zur „Digitalen Höllenfahrt" skizziert (mich aber dann entschlossen, doch keines zu schreiben): Die Erkenntnis, daß es keine (anhaltende) Liebe gibt – jede Liebe scheitert – und daß es keinen Gott gibt, ist, hat man einmal an Gott oder die Liebe geglaubt, ernüchternd bis erschütternd. In beiden Fällen hat sie aber auch etwas Beruhigendes, ja Befreiendes: Individuen oder Instanzen, die es nicht gibt, können einen auch nicht beeinträchtigen oder bedrohen.

25.3.2010

Alles Angenehme im Leben hat einen hohen Preis. Liebe und Geborgenheit sind besonders teuer. Wer darauf verzichtet, erspart sich besonders viel. Vor allem aber: Der Verzicht ist nichts anderes als ein freiwilliger Vorgriff auf ohnehin Unvermeidliches.

26.3.2010

Im Hinblick auf meine zweite Ehefrau bescheinigte mir mein Psychotherapeut, nachdem ich viele Jahre nach der Trennung noch immer an ihr hing und es dafür keinerlei „vernünftige" Gründe (mehr) gab, „pathologische Liebe". Die Diagnose war trivialerweise richtig – weil sie bei jeder Liebe richtig ist. An Gott zu glauben, ist im gleichen Sinne pathologisch.

28.3.2010

Endlich komme ich dazu, die Aussagen betreffend die frappante Ähnlichkeit des Seins-Status von Liebesobjekten und Gott zusammenzutragen: In einem „Spiegel"-

Interview (11, 2010, S. 140) sagt Martin Walser in bezug auf sein Buch „Mein Jenseits": „Diese Jenseitsorgie kommt ... nur dadurch zustande, dass dieser Augustin Feinlein aussichtslos ist bei einer Frau. Aussichtslosigkeit als persönliche Erfahrung. Dann die Anziehungskraft dessen, was unerklärlich bleibt, trotz allen Wissens." Und vorher sagt Walser noch über Augustin Feinlein: „Die Ausweglosigkeit in der Liebe macht ihn zum Glaubensspezialisten." Das sind – bei aller aus der Kürze der Aussagen resultierenden Abstraktheit – schon erstaunliche Parallelen und Zusammenhänge im Hinblick auf Lieben und Glauben: Aussichtslosigkeit, Anziehungskraft des Unerklärlichen, relative Bedeutungslosigkeit des Wissens.

Und Bodo Kirchhoff im selben „Spiegel" (S. 151): „Wer begehrt, begehrt, ob Knabenlippen, die Hüften einer Frau oder das Leid des Gekreuzigten." Schließlich – ebenfalls in diesem Heft (S. 146): „Ich glaube nicht an Gott, aber ich vermisse ihn" (Julian Barnes) – die vielleicht erschütterndste Parallele zwischen Gott und Geliebter: Ich sehne mich nach dir, aber es gibt dich nicht.

28.3.2010

Erleichterung bei der Lektüre des heutigen „Österreich" (S. 14 f.): Wetter-Schwafler Jörg Kachelmann ist hinter Gittern, weil er seine Ex-Freundin vergewaltigt haben soll. Das ist aus drei Gründen eine erfreuliche Nachricht: Erstens gehen mir alle Wetter-"Frösche"- und „-Feen" fürchterlich auf die Nerven, zweitens war Kachelmann der größte Dampfplauderer und drittens hat er seinerzeit die Ermordung von „Problembär" Bruno befürwortet oder begrüßt.

29.3.2010

Das war keine gute Nacht. Zuerst mußte ich an sie denken, dann habe ich von ihr geträumt und die Träume haben den ganzen Tag emotional eingefärbt. Ein ganzes Buch zu schreiben, hat also nicht gereicht, um von ihr loszukommen. Aber ich bin fest entschlossen, nicht aufzugeben.

29.3.2010

Kurz vorm Bräustübl kapiere ich den Zusammenhang zwischen Gott und Geliebter: In beiden Fällen geht es auch um metaphysische, transzendentale Geborgenheit, um Geborgenheit im Sinne des Nicht-sterben-Müssens. Mit anderen Worten: Bei der Verzweiflung, die Geliebte zu verlieren oder erst gar nicht zu bekommen, schwingt schlicht auch Todesangst mit.

30.3.2010

Nachdem ich gestern abend im Fernsehen ein Gespräch mit Martin Walser gesehen hatte, überkam mich die Idee, ich könnte mit ihr doch wieder einen Gedankenaustausch beginnen. Aber ich brauche weder ausgeschlafen noch konzentriert zu sein, um zu erkennen, daß das, zumindest jetzt, eine absolute Schnapsidee ist. Am Nachmittag ging ich zu einem Konzert am Kapitelplatz, weil meine Mutter das sehen und hören wollte. Es spielte eine riesige Band, eine amerikanische Schulband, vermutlich, vielleicht 100 Leute. Schnell wurde ich wieder daran erinnert, daß ich ja keine Musik mehr ertrage. Ein kurzes Beatles-Potpourri machte mir schon zu schaffen. Richtig schockiert hat mich dann aber, daß mich, obwohl nun wirklich nicht gerade Österreich-Fan, selbst die österreichische Bundeshymne emotional schwer mitnahm.

31.3.2010

Gestern war ich wieder bei einem Jazzabend meines Sohnes. Eine Bekannte von ihm erinnerte mich in beängstigendem Maße an sie. Ich entschloß mich spontan zur schärfsten und wirksamsten Maßnahme: sofortige totale Verdrängung von *allem*, was mit ihr zusammenhängt, mit anderen Worten: neutronale Weltsicht. Bei der Heimfahrt mit dem Bus machte sich die dekonstruktive

Veränderung der Wirklichkeit schon deutlich bemerkbar: Geisterstadt, keine Assoziationen, keine Emotionen. Zuhause eine TV-Dokumentation über Simone de Beauvoir und Jean-Paul Sartre. Ich bemerke bei manchen Aufnahmen von de Beauvoir eine frappante Ähnlichkeit mit einem meiner Lieblingsfotos von ihr. Wiederholt bricht die neutronale Wahrnehmung kurzzeitig zusammen. Im großen und ganzen hält sie aber und erweist sich als wirksam und heilsam.

31.3.2010

Ich sehe eine TV-Dokumentation über Helmut Kohl (den ich für sein „Aussitzen" von Problemen immer bewundert habe): Seine Frau Hannelore habe sich umgebracht, weil sie, an einer Lichtallergie leidend, das Leben in der Dunkelheit (geschlossene Rolläden usw.) nicht mehr ertrug. Das Leben im neutronalen Wahrnehmungsmodus entspricht in gewisser Weise auch einem Leben im Dunkeln.

1.4.2010

Die Zustände vor und nach dem willentlichen Umschalten auf die neutronale Weltsicht könnte man auch so beschreiben: erst wird man gefoltert, dann lebendig begraben.

1.4.2010

Beim Nachdenken über mein Erleben im Zustand der neutronalen Wahrnehmung, also über mein Erleben der Leere und des Nichts und über mein Leiden an der Leere und am Nichts, erkenne ich: Erstens: Im Sinne der Schopenhauerschen Kategorien befinde ich mich in einem sehr guten, ja „glücklichen" Zustand: Mir ist nicht langweilig und ich habe keine Schmerzen, es geht mir also so gut, wie es einem auf Erden eben gehen kann. Zweitens: Mein Erleben der Leere und des Nichts ist nichts anderes als das Erleben der Sinnlosigkeit des Lebens.

1.4.2010

Die neutronale Wahrnehmung ist ja so etwas wie künstlich herbeigeführter Tiefschlaf zwecks Überbrückung lebensbedrohlicher Zustände. Und das scheint bei mir zu funktionieren: Langsam komme ich wieder ins Leben zurück.

2.4.2010

Die neutronale Wahrnehmung hat zwei Nachteile, die mir bis jetzt nicht aufgefallen waren: Erstens eine Unruhe, ein Gefühl des Gehetztseins, des Sich-nicht-hinsetzen-Könnens, des Nicht-zur-Ruhe-kommen-Könnens.

Zweitens, soferne emotionale Aspekte oder Themen betroffen sind, eine gewisse Denkhemmung. Aus diesen Gründen erscheint es zweifelhaft, an der ursprünglichen Absicht festhalten zu können, die neutronale Weltsicht so lange beizubehalten, bis ich ihrer nicht mehr bedarf.

2.4.2010

Zusätzlich zu den bereits angesprochenen Problemen, die sich neuerdings mit der neutronalen Weltsicht ergeben, wird mir klar: Erstens der Widerspruch zwischen dem Sich-getrieben- bzw. -gehetzt-Fühlen einerseits und dem Sich-lebendig-begraben-Fühlen andererseits. Zweitens: Die Emotionen scheinen auch nicht mehr ordentlich „ausgefiltert" zu werden, sondern lediglich ihrer Zielgerichtetheit bzw. Personbezogenheit entledigt zu werden. Mit anderen Worten: Die Sehnsucht ist weiter da, aber sie bezieht sich auf keine Person mehr.

2.4.2010

Sobald man die Sinnlosigkeit und Leere des Lebens kapiert und akzeptiert hat, hat man insofern keine Probleme mehr, als man ja nichts mehr erwartet und daher auch nicht mehr enttäuscht werden kann. Auch schwindet die Angst, etwas zu versäumen.

3.4.2010

Was sich in früheren Erwägungen schon „zusammen-
gebraut" hatte, läßt sich nunmehr klar formulieren: Sex
bzw. Verliebtheit samt ihren typischen Phantasien hau-
chen dem Leben scheinbaren Sinn ein. Sobald dieser
Mechanismus nicht mehr funktioniert, sprich: sobald
diese Phantasien nicht mehr durch sexuelles Begehren
„munitioniert" werden, bricht das Sinnfundament weg.
Dies manifestiert sich auch als allgemeines, „metaphysi-
sches" Sinnlosigkeitsgefühl.

Einfach zu schön, um nicht zitiert zu werden (Freud,
1972, S. 201): „Die höchsten Grade von sinnlicher Verliebtheit werden die höchste psychische Wertschätzung
mit sich bringen. (Die normale Überschätzung des Se-
xualobjekts von seiten des Mannes.)"

4.4.2010

Durch die seltene Gelegenheit, gleichzeitig zwei Liebesbeziehungen quasi phasenverschoben wahrnehmen zu
können, d. h. zwei Beziehungen, die sich aktuell in unterschiedlichen Phasen befinden, vergleichend betrachten zu können, eröffnet sich mir ein einmaliger Einblick
quasi ins Weltinnere der Abteilung Liebe, ein Blick hinter die Kulissen, ein Blick auf die Bühnentechnik gewissermaßen. Ich erkenne: Wofür ich viele Jahre *alles*

gegeben hätte: für eine Entschuldigung, für eine Umarmung, ist mir jetzt vollkommen gleichgültig. Selbst zum Ärgern oder gar Hassen fehlen mir jegliche „Lust". Vielmehr ist das alles bestimmende Gefühl: Schade um jede Sekunde!

Diese pure Gleichgültigkeit kam exakt in jenem Augenblick zustande, als die betreffende Person für mich ihre sexuelle Attraktivität verlor bzw. mir dies bewußt wurde. Meine früheren Gefühle gingen „nahtlos" auf ein anderes Objekt über – haben also de facto mit bestimmten Individuen nichts zu tun. Die „Aufladung" bestimmter Individuen mit diesen Emotionen bzw. die Identifizierung dieser Emotionen mit diesen Individuen ist also eine völlige Fehlwahrnehmung, eine Täuschung, wie sie kolossaler nicht sein könnte. Selbst einem Ungläubigen wie mir fällt es angesichts solch folgenschwerer Täuschungen schwer, nicht an das Werk eines Teufels zu glauben.

4.4.2010

Eine erstaunliche bis erschreckende Konsequenz bzw. Erkenntnis, die aus den vorangegangenen Überlegungen folgt: Die neutronale Weltsicht, von der man annehmen möchte, sie sei eine höchst künstliche, ist in Wirklichkeit die realistische!

4.4.2010

Es läuft immer wieder auf die Alternative hinaus: Leiden an der Leere oder Leiden an der Sehnsucht. Das Leiden an der Sehnsucht kann veranschaulicht werden mit: Ich sehne mich nach der Heimat, aber man läßt mich nicht hinein. Oder: Ich sehne mich nach der Geliebten, aber sie weist mich ab. Dem Leiden an der Leere entspricht: Ich sehne mich nach der Heimat, aber ich weiß, daß es sie gar nicht (mehr) gibt. Oder: Ich sehne mich nach der Geliebten, aber ich weiß, daß es sie gar nicht (mehr) gibt.

5.4.2010

Ich habe jetzt den vollkommenen Durchblick bei der Liebesdynamik – in bezug auf Voraussetzungen, Implikationen und Folgen. Es ergibt sich – natürlich, ist man geneigt zu sagen – ein Bild absoluter Sinnlosigkeit des Lebens. Mit Ausnahme der Zielsetzung Leiden lindern. Angesichts dieser Sinnlosigkeit des Lebens wäre die naheliegende Konsequenz, zu sagen: Gut, warum soll ich da jetzt noch groß mitmachen? Aber die Sichtweise, die sich mir aufdrängt, ist momtentan doch eher diese: Es ist zwar alles sinnlos, aber solange es mir gut geht und nichts Größeres oder Gröberes dagegenspricht, mache ich weiter, lebe quasi als Sinnlosigkeitsbeobachter.

6.4.2010

Zu wissen, daß, auf Erden nach Glück zu streben, bedeutet, Hirngespinsten nachzujagen, macht die Glückssuche zwar weniger ergiebig, aber dafür auch weniger gefährlich.

6.4.2010

Die neutronale Weltsicht tut mir gut! Heute habe ich sogar in meinem „Freude, schöner Götterfunken" nach Schopenhauers Ausführungen über die Heiterkeit gesucht!

6.4.2010

Ich bin ein großer Freund aller Vorurteile gegenüber Nationalitäten, Minderheiten usw. – weil sie alle stimmen. Aber erst die Summe der Vorurteile gegenüber *bestimmten* Menschen ergibt das zutreffende Bild *des* Menschen.

6.4.2010

Beim Lesen einer Besprechung von Frischs Tagebuch im „Stammlokal" [ein bestimmtes Lokal, das ich gemeinsam mit ihr besuchen wollte – Näheres in Kaplan, 2012a;

HFK] fällt mir bei „die Veranda mit den fünf Säulen" ein, daß ich gestern im Fernsehen die Traumszene mit ihr und mir [ein bestimmter Traum inklusive einer charakteristischen Melodie – Näheres in Kaplan, 2012a; HFK] gesehen hatte, genauer: deren Schauplatz, also die Terrasse.

8.4.2010

Ich schreibe ungern über Dinge wie Vorsehung, Fügung und dergleichen. Dennoch: Meine neu erworbene bzw. (hoffentlich) perfektionierte Fähigkeit, bestimmte Dinge zeitweilig auszublenden, könnte sich als ausgesprochener Glücksfall erweisen: im Hinblick auf das zeitweilige Ausblenden des Tierleides bei der Tierrechtsarbeit.

9.4.2010

Heute habe ich von ihr geträumt. Ich habe versucht, mir nicht zu merken, was ich geträumt habe, und zu vergessen, daß ich geträumt habe. Ersteres ist mir immerhin gelungen.

9.4.2010

Im Bräustübl. Am Nebentisch ein Hund. Ein Mann mit einem anderen Hund – einer Hündin, wie sich herausstellt – tritt an den Tisch und begrüßt die Runde. Beide

Hunde sind an der Leine und müssen mit aller Kraft zurückgehalten werden. Panik und Pein, vor allem des männlichen Hundes, sind den Tieren ins Gesicht geschrieben. Das (etwa zwanzigjährige) „Frauerl" des Rüden: „Aus, Schluß jetzt, du bist kastriert!" Ich beobachte die Szene mit immer größer werdendem Entsetzen und Haß. Ich lese gerade in Max Frischs (2010) neuem Tagebuch. Am Cover: „Hänge ich am Leben? Ich hänge an einer Frau." Je mehr jemand kapiert, „was gespielt wird" und dennoch seine Macht ausnutzt, desto größer die Schuld. Mein Haß gegenüber ihr ist momentan unermeßlich – trotz neutronaler Wahrnehmung.

11.4.2010

Eine wirklich kaum erträgliche „Ungerechtigkeit" des Lebens besteht darin, daß, selbst wenn wir alles richtig machen, es nur in sehr geringem Maße in unserer Macht liegt, unsere Ziele zu erreichen.

11.4.2010

Die beiden wichtigsten Hindernisse für die Verwirklichung von Tierrechten: der Glaube an Gott (inklusive Gottesebenbildlichkeit und unsterbliche Seele des Menschen) und der Glaube an den moralischen Vorbildcharakter des Natürlichen („Recht des Stärkeren", „Fressen und Gefressenwerden" usw.).

11.4.2010

Es ist mir zwar schon lange bewußt, aber es wird mir immer noch klarer: Ethik ist Egoismus-Bekämpfung.

11.4.2010

Man kann sich mit Alkohol betäuben oder mit religiösen, esoterischen sowie sonstigen Hirngespinsten. Meine Meidung letzterer macht mich zu einem der größten Abstinenzler aller Zeiten.

12.4.2010

Was ich überhaupt nicht will, was völlig würdelos wäre: sich mit diesem Ende der Beziehung überhaupt nicht identifizieren zu können, damit einfach nicht fertig zu werden, weiter etwas zu wollen, was nicht zu bekommen ist, sich aber mit diesem Scheitern mit der Zeit zwangsläufig irgendwie „abzufinden" – also kein rationales, souveränes, autonomes Handeln, sondern würdeloses, passives Weitermachen, besser: Weiter-gemacht-Werden.

Und dafür dann auch noch irgendeine beschönigende Legende erfinden. Da will ich mich doch lieber dem Grauen stellen und in Würde Konsequenzen ziehen!

12.4.2010

Wir verstecken uns vor dem Grauen, wir decken das Grauen zu, aber das Grauen ist immer da.

13.4.2010

Seit Jahrzehnten fürchte ich mich vor der atomaren Katastrophe, jetzt wird sie immer mehr zu einer versöhnlichen Vorstellung: Weil sie das einzige Szenario zu sein scheint, das für die Tiere, wenn schon keine Rettung, so doch eine Erlösung verheißt.

14.4.2010

„Eine gelassene Panik als Grundzustand" steht in Max Frischs kürzlich erschienenem Tagebuch (2010, S. 148). Das gefällt mir. Und auf Seite 153 über seine momentane Lebensgefährtin: „Dieses fast bedingungslose Wohlgefallen (Dankbarkeit für ihre Gegenwart) ist ein Zeichen fortgeschrittener Senilität." Das vielleicht auch, aber nicht notwendig: Ein solches bedingungsloses Wohlgefallen ist generell ein Zeichen bedauernswerter Verwirrtheit!

15.4.2010

Frei sein, heißt, frei von Hoffnungen sein.

15.4.2010

Lasse ich meine theoretischen Erwägungen über die Liebe Revue passieren, bekommt die Aussage „Die Wahrheit macht frei" eine positive und konkrete Bedeutung. Wenn ich mich allerdings frage, ob ich auf diese freimachende Wahrheit vezichten wollte für einen glücklichen Ausgang der „Anlaßliebe", muß ich sagen: Ja, ich würde gerne auf die Wahrheit verzichten.

15.4.2010

Im Fernsehen ein Bericht über eine 1986 geborene dunkelhaarige Pianistin. Man sieht sie unter anderem auf der von mir in der „Digitalen Höllenfahrt" beschriebenen Kölner Brücke mit den Tausenden von Liebes-Vorhangschlössern.

16.4.2010

Beim Zuendelesen von Martin Walsers (2010) „Mein Jenseits" bemerke ich meine Enttäuschung darüber, über die Liebe nichts Neues, Großes, Schönes erfahren zu haben – sondern nur mein nüchternes Erklärungsmodell bestätigt zu sehen. Immerzu werde ich an Schopenhauers Vergleich zwischen dem Ende des Lebens und dem Ende eines Maskenballs erinnert. Die immer wiederkehrende Erfahrung lautet: Nichts dahinter – auch im buchstäblichen Sinne! Immerhin: Mir ist neben der Angst vor dem Tod als Dauermotiv der Menschen, religiös zu werden oder zu bleiben, jetzt noch eine zweite Ursache klar geworden: die ungestillte Sehnsucht nach Liebe – die ins Metaphysisch-Transzendentale umgelenkt werden kann.

16.4.2010

Daß bei der Liebe „nichts dahinter" ist, ist auch ein Glücksfall: Wo nichts oder wenig ist, ist der Verlust auch leichter zu verschmerzen. Beim Ende einer Liebe geht es nur ums „Umsatteln" der Gefühle auf ein anderers Auslöserobjekt. Nietzsches „ewige Wiederkehr des Gleichen" fällt mir da ein. Zum ersten Mal kann ich damit etwas anfangen.

17.4.2010

Die Libidotheorie läuft eindeutig auf eine Entpersönlichung bzw. Entindividualisierung der Liebe hinaus. Natürlich nicht für den nach wie vor im „essentiellen" Denk- und Fühlmodus Gefangenen, der die „Ursache" seiner Liebe vor allem im Liebesobjekt verortet, wohl aber für denjenigen, der das System – im Sinne der Libidotheorie – durchschaut und erkennt: Erstens bin *ich* es, der Objekte libidinös besetzt, und zweitens kann die Libido von diesen Objekten wieder *abgezogen* und auf andere *übertragen* werden.

Das bedeutet eine drastische Verringerung der Abhängigkeit vom Liebesobjekt! Der Aktionspol verschiebt sich quasi vom Liebesobjekt zum Liebessubjekt. Zentral ist nicht, wie landläufig geglaubt und gefühlt, ein bestimmtes Liebesobjekt, das man gewinnen (oder auch nicht) und wieder verlieren kann, sondern das Subjekt, das vergleichsweise beliebig Liebesobjekte libidinös besetzt. Das ist, wenn man so will, ein starkes emanzipatorisches Moment: Das Liebessubjekt wird gegenüber dem Liebesobjekt viel, viel mächtiger und souveräner.

Wahrlich souverän wäre das Subjekt freilich erst, wenn es die Libido willentlich von einem Objekt abziehen und auf ein anderes übertragen könnte. Was aber bei Einsicht in die Zusammenhänge immerhin möglich ist, ist folgende quasi „situative Aktion": Ich begebe mich absichtlich in Situationen, in denen ich zwar nicht von mir aus bewußt und gezielt die Libido abziehen und „umsatteln" kann, in der es aber einigermaßen wahrscheinlich ist, daß die Libido quasi von selber „umspringt".

17.4.2010

Ich habe viel zuviel getrunken, fürchterliche Sehnsucht und dem nichts entgegenzusetzen oder hinzuzufügen.

18.4.2010

Wenn ich zuviel getrunken habe, hält die neutronale Weltsicht nicht, insbesondere nicht in der Nacht. Dennoch will ich weiter an ihr festhalten, bis ich, aus welchen Gründen immer, ihrer nicht mehr bedarf.

18.4.2010

Bis jetzt habe ich die neutronale Weltsicht immer vom „Liebesobjekt-Pol" her erläutert: Wenn ich da quasi alles abschalte, alle Gedanken und Emotionen verdränge bzw. erst gar nicht zulasse, wird gleichzeitig gleichsam die ganze Welt emotional neutralisiert. Vom „Umwelt-Pol" her erläutert, stellt sich die Situation so dar: Sobald ich die Natur schön, hell, farbig, von Gefühlen begleitet wahrnehme, leuchtet quasi gleichzeitig das Bild des Liebesobjekts auf. Mit anderen Worten: Eine schöne, positive Naturerfahrung ist nur um den Preis der zumindest zeitweiligen Aufhebung der neutronalen Weltsicht möglich – pointiert, aber nicht übertrieben formuliert: um den Preis, das Gesicht der Geliebten am Himmel zu erblicken.

18.4.2010

Generell ist es gewiß nicht so, daß rationale Erkenntnisse in bezug auf unsere Gefühle automatisch dazu führen, daß sich unsere Gefühle entsprechend diesen Erkenntnissen ändern. Oft ändert die Einsicht, daß ein bestimmtes Gefühl nie berechtigt war oder mittlerweile nicht mehr berechtigt ist, gar nichts an diesem Gefühl. Aber die Einsicht in bestimmte psychologische Gesetzmäßigkeiten oder Zusammenhänge – oder schon allein das Wissen, daß es solche gibt – kann sehr wohl zu einer *allgemeinen* Erleichterung führen. Nicht nur, weil sich mit der Kenntnis von Gesetzmäßigkeiten und Zusammenhängen die prinzipielle Möglichkeit eröffnet, aktiv und gezielt ins Geschehen einzugreifen, sondern weil schon das Bewußtsein, keinem blinden, unbegreiflichen Schicksal ausgeliefert zu sein, beruhigend wirkt. Mir ist noch lebhaft folgende sich regelmäßig wiederholende Erfahrung während meines Studiums in Erinnerung:

Sobald ich das Areal der hiesigen Nervenklinik betrat, um dort Vorlesungen zu besuchen, besserte sich mein psychischer Gesamtzustand radikal – weil ich das Gefühl hatte: Hier erfahren und diskutieren wir psychologische und medizinische Grundlagen und Erklärungsansätze für unser Erleben und Verhalten.

18.4.2010

Bei der Wahl unserer Liebesobjekte sollte sich unsere Rationalität zumindest so weit durchsetzen, daß wir niemanden lieben, den zu lieben unvereinbar ist mit unserer Selbstachtung, unsere Liebe zu anderen darf nie gegen uns selbst gerichtet sein. Um es mit meinem Suppenvergleich zu sagen: Ich kann zwar nicht beeinflussen, ob mir eine bestimmte Suppe schmeckt oder nicht, aber wenn ich merke, daß sie vergiftet ist, sollte ich sie, auch wenn sie mir noch so schmeckt, ausspucken und wegschütten.

18.4.2010

Folgende Fragen sollen veranschaulichen, was ich unter der „Respekt- / Moral-Ebene" verstehen will: Hat mir jemand jenen Respekt entgegengebracht, der nötig ist, damit meine Selbstachtung intakt bleibt oder hat er sich so verhalten, daß ich meine Selbstachtung nur mit rigorosen Maßnahmen aufrechterhalten oder wiederherstellen konnte? Hat sich jemand als moralisch integer, z. B. als wahrhaftig und rücksichtsvoll erwiesen oder hat er mich belogen oder rücksichtslos behandelt?

Wer nun folgendes erkennt, akzeptiert und beachtet, hat im Leben sehr, sehr viel gewonnen: Wenn sich jemand im „Respekt- / Moral-Test" als „unbekömmlich" erwiesen hat, darf uns *nichts*, auch keine Verliebtheit oder sonstige Abhängigkeit, dazu verleiten, Abstriche von jenen Kriterien bzw. Forderungen zu machen, die wir als für uns sinnvoll erkannt haben. Wir müssen uns drastisch vor Augen führen, daß wir die Folgen der Mißachtung dieser Maxime mit gleicher Härte zu spüren bekommen werden, wie wir beim Sprung von einer Brücke die Folgen der Schwerkraft zu spüren bekämen – auch wenn uns eine dichte Wolkendecke unter uns gerade suggeriert, in weiche Watte zu springen. Der Aufprall erfolgt dennoch gemäß dem Gravitationsgesetz.

19.4.2010

Einer der tausend Gründe, warum Liebesbeziehungen nie klappen: Sehr viele Menschen sind moralisch höchst minderwertig. Glücklicherweise sind wir oft in der Lage, den Umgang mit solchen Menschen auf ein Mindestmaß zu beschränken. Kein vernünftiger Mensch wird sich länger als nötig mit solch moralisch defekten Zeitgenossen auseinandersetzen. Wenn wir uns aber in einen solchen Menschen verlieben, haben wir ein Problem: Selbst wenn wir um seine moralische Minderwertigkeit und deren negativen bis katastrophalen Folgen für uns wissen, sind wir ihm ausgeliefert.

19.4.2010

Besser zu *wissen*, daß man alleine ist, als zu *glauben*, daß man nicht alleine ist. Kommt da nun ein Ruf- oder ein Fragezeichen?

20.4.2010

Eines muß man der Natur oder dem Teufel oder beiden schon neidlos zugestehen: Sie haben sich allerhand einfallen lassen, um uns zu quälen! Zunächst, als Grundkonzept bzw. Grundgemeinheit quasi: Wesen, die *sterben* müssen, einen unbändigen *Lebenswillen* einzupflanzen. Dann diese Wesen mit Selbstbewußtsein auszustatten, damit sie ja alles auch so richtig schön mitbekommen. Und ihnen noch einen starken Sexualtrieb zu geben, dessen Befriedigung endlose Konflikte und Qualen mit sich bringt. Schließlich die – trügerische! – Erfüllung der Sehnsucht nach Geborgenheit mit der Sexualität zu verknüpfen – die praktischerweise gleich auch noch die nächste Opfergeneration produziert. Alle Achtung!

21.4.2010

Wenn die Gesetze, aufgrund deren Natur, Leben und Menschen funktionieren, schon so grausam sind, sollte man sie wenigstens kennen!

22.4.2010

Hat man die „Gesetze der Liebe", also die Gesetzmäßigkeiten, denen Entstehen und Vergehen von Lieben gehorchen, erst einmal verstanden, ist es auch unsinnig, angesichts einer gescheiterten Liebe „schade!" zu rufen – aufgrund dieser Gesetzmäßigkeiten ist es halt nun einmal so und kann anders gar nicht sein. Dies zu bedauern, ist so unsinnig, wie zu bedauern, daß Gegenstände auf den Boden fallen, anstatt in die Luft zu fliegen. Außerdem bedeutet, diese Gesetze nicht anzuerkennen, daß sie einem – um im Bild zu bleiben – dauernd auf den Kopf fallen.

24.4.2010

Die bis zur Besinnungslosigkeit wiederholte „Lebensweisheit", wonach man jeden Tag so leben sollte, als sei es der letzte, ist konkret und wörtlich genommen unsinnig. Erstens liefe das auf bewußtes, gezieltes Glücklich-sein-Wollen hinaus, was – Stichwort: hedonistisches Paradoxon – bekanntlich nicht funktioniert, weil sich Glück immer nur als Nebenprodukt beim Verfolgen eines anderen Zieles einstellt. Und zweitens – damit zusammenhängend: Ein solches systematisches Verfolgen eines anderen Zieles beinhaltet notwendig ein *längerfristiges* Engagement. Man muß länger auf ein Ziel hinarbeiten, bevor man Erfolg hat. Mit anderen Worten: Man muß täglich in *Künftiges* investieren. Und genau das wird man am letzten Tag, wenn man weiß, daß es der letzte Tag ist, eben *nicht* tun – weil es reine Zeitverschwendung wäre.

24.4.2010

Ich fürchte, wir sollten uns langsam mit dem Gedanken anfreunden, den planetarischen atomaren Holocaust als unseren Verbündeten zu betrachten: Für die Tiere wäre er eine Erlösung.

25.4.2010

Glück kristallisiert sich wohl quasi an zwei Punkten. Einerseits gelebte Gegenwart: Das Hier und Jetzt bewußt erleben, ohne sich durch Gedanken an Künftiges oder Vergangenes davon ablenken zu lassen. Andererseits das Verfolgen von Zielen: Sich ein Ziel, also etwas in der Zukunft Liegendes, auswählen und es Schritt für Schritt zu erreichen versuchen. Ein glückliches, oder, realistischer: ein erträgliches Leben resultiert wohl aus der gelungenen Verbindung beider „Strategien". Denn nur die Gegenwart genießen, führt zu einem inhaltsleeren, langweiligen Leben, immerzu ein Ziel verfolgen, zu einem rastlosen Leben – in dem nicht zuletzt Zeit und Gelegenheit fehlen zu prüfen, ob die gesetzten Ziele auch (noch) sinnvoll sind.

26.4.2010

Individuumsbezogen spricht vieles für so etwas wie eine Konstanz des Leidens bzw. des Leidensniveaus: Selbst nach sehr erfreulichen oder sehr ärgerlichen Ereignissen oder Veränderungen pendeln wir uns erstaunlich rasch wieder auf unser „Normalniveau" ein: wir leiden am Leben oder erfreuen uns am Lebens so, wie es „für uns normal" ist. Vielleicht gibt es auch global bzw. planetarisch eine solche „Leidenskonstanz", allerdings weniger eine „gefühlte" als eine reale: Während das Leben der Menschen immer besser, leidensärmer wird – durch medizinischen Fortschritt, zunehmende Anerkennung von Menschenrechten usw. –, wird das Leben der Tiere immer schlechter, ihr Leiden immer größer. Zum Beispiel weil immer noch mehr Tiere für menschliche Ernährungszecke gequält und getötet werden. Je besser es den

Menschen geht, desto schlechter geht es den Tieren.

26.4.2010

Die Situation der Tiere auf der Welt treibt auf so etwas wie die ultimative Realisierung mythologischer Apltraumszenarien zu. Was bisher an Höllen nur erdichtet und phantasiert wurde – für die Tiere ist es in den immer zahlreicher werdenden Tierfabriken, Schlachthäusern, Versuchslabors usw. längst Wirklichkeit geworden. Schopenhauer (1977, II, S. 406) konnte noch sagen: „Woher denn anders hat *Dante* den Stoff zu seiner Hölle genommen, als aus dieser unserer wirklichen Welt? Und doch ist es eine recht ordentliche Hölle geworden." Die Tiere leben in dieser Hölle.

27.4.2010

Die hoffnungslose Situation der Tiere und der Tierrechtsbewegung lassen sich auch rein psychologisch auf den Punkt bringen: Die Menschen kann man in zwei Gruppen einteilen: in jene, die das Leiden der Tiere verdrängen, und in jene, die dieses Leiden an sich heranlassen. Daß die erste Gruppe für die Befreiung der Tiere nicht in Frage kommt, liegt auf der Hand. Aber auch die zweite Gruppe fällt großteils aus, weil die Menschen am Leiden, das sie an sich heranlassen, zugrundezugehen drohen.

28.4.2010

Heute nacht habe ich von ihr geträumt. Leider. Allerdings, ein großer Fortschritt, nur indirekt: Wir hätten heiraten sollen, genauer gesagt: es gab einen Hochzeitstermin, aber ich wußte schon, daß sie nicht kommen wird. Ich habe sie daher auch nicht gesehen. Und der Traum bewirkte auch nicht, wie früher, eine massive schmerzliche „emotionale Durchflutung" des ganzen nächsten Tages. Die rationale Durchdringung der Liebe bzw. das Erkennen ihrer Mechanismen zeigen also sehr wohl Wirkung. In dem Maße, in dem die rationale Einsicht wächst, schwindet die Stärke schädlicher Gefühle, solcher Gefühle, die dergestalt im Widerspruch zur Realität stehen, daß sie zu seelischen Katastrophen führen.

29.4.2010

Ein Aspekt von Liebesbeziehungen wird wohl sträflich vernachlässigt: die Sehnsucht nach einem Du, nach einem Gegenüber, mit dem man das in jedem Fall schwere Leben besprechen, gestalten und ertragen kann. Gesprächspartner gibt es natürlich verschiedene: Eltern, Kinder, Freunde usw. Aber das Du in einer Liebesbeziehung hat eine Qualität, wie sie sonst kaum vorkommt, nämlich die Qualität eines „zweiten Ich", das Gefühl vollkommenen Einsseins und Verstandenwerdens. Die erotische bzw. sexuelle Komponente kommt hier quasi nur genetisch zum Tragen: Sie erzeugt zwar diese spezifische Du-Qualität, tritt aber selbst psychologisch nicht in Erscheinung.

2.5.2010

Manchmal kommt mir Gott wie ein drittklassiker Werbe-Fuzzi vor: Da schafft er diese Welt und diesen Menschen, die beide überhaupt nicht zusammenpassen, das Menschenleben ist ja – bestenfalls! – eine öde, blöde, langweilige und sinnlose Angelegenheit. Und dann kommt er auch noch mit dem billigen Trick Liebe daher – die uns diese schäbige Kulissen- und Fassadenwelt als schöne, sinnvolle Sache erscheinen lassen soll. Es ist nicht zu fassen.

2.5.2010

Nicht nur Überlegungen über gescheiterte, gewünschte oder sonstige Liebesbeziehungen sind müßig, sondern Überlegungen über *alle* menschliche Beziehungen: sie sind grundsätzlich vergiftet und zum Scheitern verurteilt.

3.5.2010

So wie der Arzt für Krankheiten zuständig ist und der Koch fürs Kochen, so sind Künstler und Schriftsteller fürs Tragische zuständig. Und so wie das Kochen zur Berufskrankheit Dicksein führt, führt die Beschäftigung mit dem Tragischen zur Berufskrankheit Schwermut.

5.5.2010

Zufällig komme ich bei dem Haus vorbei, in dem vor Jahrzehnten eine Studentin, die ich sehr liebte, wohnte. Augenblicklich steigen Gedanken, Gefühle und Erinnerungen in mir auf und ich stelle mit Erstaunen fest, in welch hohem Maße meine jüngsten Erkenntnisse in bezug auf die Individuumsunabhängigkeit von Liebesphänomenen zutreffen: Das sind qualitativ wie quantitativ die gleichen Gedanken und Gefühle, wie ich sie jetzt habe bzw. jüngst hatte – aber in bezug auf eine vollkommen andere Person! Diese Erinnerungen und ihre frappante Ähnlichkeit mit aktuellen Erlebnissen beeindrucken und verwirren mich dermaßen, daß ich zweimal hintereinander in den falschen Bus einsteige.

Um die Personen, um die Individuen, an die wir unsere Gedanken und Gefühle quasi nur heften, geht es in Wirklichkeit gar nicht, sie sind nur von scheinbarer Bedeutung. Wichtig sind allein die Liebespänomene selbst

– die über Jahrzehnte gleichbleiben, unabhängig von den Individuen, mit denen wir sie im Laufe unseres Lebens verknüpfen. Diese Personen sind nur in dem Sinne und in dem Maße wichtig, als sie quasi die Standorte unserer Liebesgedanken und -gefühle repräsentieren.

Objektiv und rational betrachtet, das heißt, diese Zusammenhänge bedenkend, dürften uns diese Personen also nicht über die Maßen aus dem Konzept bringen. Ich will die Probe aufs Exempel machen – mittlerweile befinde ich mich nämlich kurz vor dem Lokal, in dem ich sie vor knapp eineinhalb Jahren das einzige Mal traf. Seitdem habe ich es peinlichst vermieden, hierher zu kommen. Es ist also das erste Mal nach unserem Treffen, daß ich hierher zurückkomme. Ich stehe vor dem Lokal, an der Stelle, an der wir uns verabschiedeten. Etwas unheimlich ist es schon; aber ich kann meine Gedanken und Gefühle nicht richtig zuordnen oder beschreiben, ich habe so etwas wie eine Denk- und Fühlblockade, ich denke und fühle quasi auf einer Metaebene: Hier standen wir also ...

5.5.2010

Der zweite Hauptsatz der Thermodynamik (gemäß meiner Erinnerung etwa: die Unordnung nimmt stets zu, wenn man nichts dagegen unternimmt) gilt auch für menschliche Beziehungen: Dauerhafte Freundschaft herzustellen ist fast unmöglich, dauerhafte Liebe herzustellen ist ganz unmöglich. Aber jegliche positive Beziehung zu *zerstören* – das funktioniert immer. [Ein oder zwei Tage später lese ich im „Profil" (18, 2010) unter der Überschrift „Herz oder Zahl": „Der spanische Mathematiker José-Manuel Rey hat soeben ein – auf dem zweiten Hauptsatz der Thermodynamik basierendes – Modell vorgestellt, mit dem sich die Dynamik romantischer Beziehungen und ihrer Tendenz zur Selbstauflösung … darstellen lässt."]

6.5.2010

Im Fernsehen sehe ich die Folge einer Serie, die ich schon mindestens ein Mal gesehen habe: über das norditalienische / Schweizer Seengebiet. Ich verfolge die Sendung mit erstarrter Begeisterung ob der Schönheit dieser Landschaft. Ich denke auch ans Salzkammergut. Plötzlich erscheint am Bildschirm wieder dieser Balkon, diese Terrasse, auf der ich sie im Traum getroffen habe. Die Musik geht mir auch gleich durch den Kopf. Ich schalte den Fernseher sofort aus. Mir fällt ein: Heute hatte ich schon einmal dieses Gefühl erstarrter Begeisterung: Als ich in einem Magazin ein Bild vom Traunsee sah.

7.5.2010

Meine Situation in bezug auf sie läßt sich so beschreiben: Wenn ich nüchtern bin, sehe ich sie mit „klarem Weltauge" – absoluter Durchblick bei völliger Emotionslosigkeit. Wenn ich etwas getrunken habe, tauche ich wieder in die früheren Liebesphänomene ein – in unterschiedlicher Intensität und bei unterschiedlicher Steuerungsmöglichkeit. Erkenntnismäßig ist diese Situation vielleicht optimal, weil mir beide Sicht- und Erlebensweisen, die rationale wie die emotionale, zugänglich sind.

7.5.2010

Frei ist man, genauer: so frei wie möglich ist man, wenn man die Mechanismen, die einen unfrei machen oder unfrei machen können, durchschaut.

8.5.2010

Wenn ich meine Erkenntnisse in bezug auf die Nicht-Person-Bezogenheit der Liebesphänomene umlege auf die Gottesproblematik, ergibt sich ein „atheistisches Gottesbild", also: kein Gott. Gott ist das Ergebnis der gleichen Prozesse, die auch unsere Liebesobjekte hervorbringen. Wir erschaffen Gott wie unsere Liebesobjekte aus unseren Sehnsüchten heraus, aus unserem Mangel heraus, aus dem Nicht-Aushalten dessen, was wir vorfinden.

9.5.2010

Heute habe ich mit der ersten Realisierungsinstanz [als Realisierungsinstanzen bezeichne ich die sich im Laufe unseres Lebens ändernden „Inkarnationen" unserer „archetypischen" Sehnsuchtsobjekte; hier konkret: die erste Frau, die für mich „meinen Typ Frau" verkörperte – Näheres in Kaplan, 2012a; HFK], meiner Mutter und meinem Sohn einen Muttertagsausflug zu einem Berggasthof gemacht. In eine Natur, die ich von der Art und Intensität her aus Schwermutsgründen eigentlich kaum ertrage. Von außen betrachtet eine völlig harmlose Sache. Für mich verwirrend, absurd, surreal.

9.5.2010

„Ich schau nicht hin, wenn das Leben an mir vorbeigeht. Ich will das Leben, das an mir vorbeigeht, nicht sehen", schreibt Walser (2010, S. 74). So lebe ich auch seit Jahren: Ich kann die Natur nur sehr reduziert, selektiert und dosiert ertragen, um nicht von Schwermut erschlagen zu werden.

9.5.2010

„Meine Lage: Ich weiß nicht, wen ich hassen könnte. Ich muss hassen und finde keinen, den ich hassen könnte", schreibt Walser (2010, S. 76 f.). Das ist auch ein bißchen meine Situation: Ich hasse zwar – vor allem wegen des Holocausts gegen Tiere – die ganze Menschheit, aber psychologisch ist das unergiebig und unbefriedigend. Und „Hassen ist gesund." (Ebenda) Sie hasse ich ja eigentlich nicht mehr, weil sie mir mehr und mehr egal wird, weil sie mehr und mehr „normal" wird. Vielleicht habe ich leichtfertigerweise mit dem Hassen zu lange gewartet, vielleicht sollte man hassen, solange es noch gut geht. Psychologisch ist das Ausleben von Haß und Rachegelüsten wohl die effizienteste Lösung (und obendrein vielleicht die eleganteste). Nicht umsonst fließt in der Literatur und auf der Bühne ständig Blut.

9.5.2010

Sobald wir akzeptieren, allein zu sein, sind wir frei.

11.5.2010

„Von allen Menschen gleich weit weg, dann bist du am richtigen Ort." (Walser, 2010, S. 81) Das ist ein schöner

Satz. Spontan fallen mir dazu zwei Gedanken von mir ein: Hätten wir keine Gefühle, wären wir unverwundbar. Und: Im Hinblick auf das, was ich die Respekt- und Moralebene genannt habe, müssen wir alle Menschen unter allen Umständen mit *einem* Maßstab beurteilen und entsprechend behandeln.

11.5. 2010

„Es ist schön, etwas zu glauben. Auch wenn's nie für lange gelingt. (…) Aber eine Sekunde Glauben ist mit tausend Stunden Zweifel und Verzweiflung nicht zu hoch bezahlt", schreibt Walser (2010, S. 113). Im Vergleich dazu bin ich geradezu ein Optimismus-Junkie! In „Freude, schöner Götterfunken" (Kaplan, 2007) ging ich, wenn ich mich recht erinnere, von einem Verhältnis von eins zu zehn in bezug auf Freude und Leid aus. Und meine Freude war immerhin etwas vergleichsweise Handfestes, Sicheres, Echtes – eben richtige Freude.

11.5. 2010

Daß der Widerspruch zwischen Schein und Sein bei Verliebtheitskonstellationen quasi systemimmanent ist, ist klar. Aber im nachhinein kann man die Fakten und Verhältnisse doch einigermaßen objektiv beurteilen. Und da

muß ich zu meiner Schande gestehen, schon immer auf
ganz besonders substanzlose Schein- und Pseudo-Exis-
tenzInnen hereinzufallen, quasi auf Pendants zu jenen
Zauberkünstlern, die sich auf offener Bühne in Nichts
auflösen: Ich falle auf Frauen herein, die sich vom Nichts
ins Schein-Sein katapultieren.

11.5. 2010

Eine kleine Vorwarnung: Meine Art Humor stößt erfah-
rungsgemäß nicht immer auf ungeteilte Zustimmung.
Jüngst hat sich mein Sohn mit kaum verhülltem Entsetzen abgewandt, als ich ihm mit kindlich-unschuldiger Begeisterung zwei Bilder im „Spiegel" samt Bildunterschrif-
ten zeigte. Die eine lautete, glaube ich, „Modeschöpfer
Joop", die andere „Frauenmörder Unterweger". Ich fand
diese schnörkellose Berufs- bzw. Personbeschreibung
herzerfrischend und witzig, mein Sohn offensichtlich weniger. Wie auch immer: In letzter Zeit erfuhr ich, daß
Kinderbuchautoren oft Berufe oder Hobbys haben bzw.
Tätigkeiten ausüben, die man nicht so ohne weiteres mit
dem Sicheinfühlen in Kinderseelen in Verbindung bringen würde. Drei Beispiele: Jack Unterweger, der Frauenmörder, hat auch, wenn ich die Zahl jetzt richtig im
Kopf habe, 150 Folgen des „Traummännleins" verfaßt,
einer Gute-Nacht-Sendung für Kinder, die ich früher selber gerne hörte. Der Kinderbuchautor Janosch in einem

aktuellen Interview auf die Worte „Sie machen Kinder-
bücher ...“: „Nicht mehr!“ – „Was machen Sie jetzt?“
– „Pornos!“ Und gestern erfuhr ich, daß Roald Dahl, der
wirklich hübsche Horrorgeschichten schrieb, auch Kinderbuchautor war. Ich finde das alles sehr ermutigend!

11.5.2010

Eine Korrekturmöglichkeit und -notwendigkeit wird
mir immer mehr bewußt: die Korrektur liebevoller Gefühle durch rationale Erkenntnisse, insbesondere durch
das Erkennen der moralischen Minderwertigkeit des
Liebesobjekts. Das ist eine ebenso wünschenswerte wie
wirksame Optimierung unseres Erlebens und Verhaltens
in Richtung Realismus.

12.5.2010

Welch Glück für die Menschheit, daß die Mechanismen
der Liebe niemandem bewußt sind. Wären sie es, gäbe es
keine Kunst.

13.5.2010

Gestern habe ich mir wieder ein Foto von ihr angesehen,

noch dazu das schönste, also das für mich schrecklichste. Zum ersten Mal habe ich aber nicht in einen psychologischen Spiegel geschaut, sondern habe quasi durch sie hindurch geschaut, sie durchschaut. Früher hat mich dieses Bild tagelang verfolgt. Diesmal scheint das nicht der Fall zu sein.

13.5.2010

Es gibt Dinge, denen wir ununterbrochen begegnen (und daher nicht jene Bedeutung beimessen, die sie verdienen), von denen jedes einzelne ein hinreichender Grund wäre, die Hoffnung auf Verwirklichung von Tierrechten in absehbarer Zeit aufzugeben. Etwa der Anblick von Anglern in Erholungsgebieten oder ihre Abbildung in Zeitungen und Büchern zwecks Veranschaulichung bzw. Versinnbildlichung von Lebensfreude, Gelassenheit und Nachdenklichkeit!

13.5.2010

Der Täuschungscharakter der Liebe ließe sich auch rein rational, quasi a priori erkennen: Um einen Menschen liebenswert erscheinen zu lassen, bedarf es Wirklichkeitsverdrehungen gigantischen Ausmaßes.

13.5.2010

Egoisten, also Menschen, denen es definitionsgemäß nur um sich selber geht, können in Zweierbeziehungen, in denen es definitionsgemäß auch um andere geht, niemals glücklich werden. Nicht einmal in dem eingeschränkten Maße, in dem glückliche Beziehungen immerhin möglich sind.

14.5.2010

Peter Zadek scheint einer der wenigen zu sein, die in den allgemeinen Idioten-Chor vom „Sterben ist ein Teil des Lebens!" nicht einstimmen. Im „Profil" (17, 2010) lese ich, daß er Sterben bis zuletzt als „eine Absurdität" empfand: „Kaum habe man vom Leben etwas verstanden, müsse man schon wieder gehen: ‚Es ist, als ob Gott zu feige wäre, zuzulassen, dass es Leute auf der Welt gibt, die ihn durchschauen.'"

14.5.2010

In einem Artikel über Mark Twain anläßlich dessen hundertsten Todestages schreibt Matthias Matussek im „Spiegel" (15, 2010) unter anderem: „Er witzelte, um die Leute zum Lachen zu bringen, aber auch, wie alle Getriebenen, um sich nicht umzubringen." Gut beobachtet, richtig erkannt!

14.5.2010

Zum Thema Männer – Frauen habe ich schon viele blödsinnige Behauptungen gelesen, die zwar überall plakatiert und nachgeplappert werden, aber dennoch nie stimmten oder nicht mehr stimmen. Meine diesbezüglichen Zurechtrückungen lösen regelmäßig wütende Proteste aus. Heute lese ich in der Zeitung von der „Männerkrankheit namens Schweigen" – auch so ein unsäglicher Unsinn: Schweigen über (einem) unangenehme Dinge ist keine Männerkrankheit, sondern eine Menschenkrankheit! Das einzige, was an der absurden Behauptung, Schweigen sei eine Männerkrankheit, stimmt, ist, daß Frauen dazu neigen, ihr Schweigen auch noch mit Lügen zu garnieren.

15.5.2010

Gunter Gabriel im „Zeit Magazin" (20, 2010): „Liebesschmerz ist etwas ganz Furchtbares. Wie Seekrankheit. Da kannst du auf dem Schiff hinrennen, wo du willst, du kotzt immer."

15.5.2010

Iris Radisch berichtet in der „Zeit" (16, 2010) über den letzten Wunsch von Brigitta Eisenreich, die 23-jährig Paul Celan kennenlernte und lange Zeit seine geheime Geliebte war: „Das Glück hat viele Gesichter. Wenn sie stirbt, soll ihre Asche auf dem Friedhof Thiais verstreut werden, auf dem Celan begraben ist."

15.5.2010

Der ganze menschliche Seelen-, Jenseits- und Religionswahn ist eine psychologische Verzweiflungstat: Als der Mensch erkannte, daß aus den Höhlen, in denen sich einst die Augen eines geliebten Menschen befanden, einmal Würmer kriechen werden, hat er die unsterbliche Seele erfunden, dann einen Ort, an dem sie sich aufhält, und schließlich eine Theorie, die das Ganze irgendwie zusammenhält.

15.5.2010

Trotz aller immer wieder vorkommender kulturell-moralischer Rückschläge und Abstürze gibt es im menschlichen Bereich so etwas wie eine Fortschrittstendenz, sowohl auf gesellschaftlicher als auch auf individueller

Ebene. Ein Beispiel: Ich komme aus einem äußerst reaktionären und irrationalen familiären Umfeld – mit entsprechend negativem Einfluß auf alle Familienmitglieder. Was ich seit Jahrzehnten vergeblich predigte – Toleranz, Meinungsfreiheit, Problembesprechung –, hat nun auch meine Tochter auf ihre Fahnen geheftet. Warum? Weil es sich hier um menschliche bzw. zivilisatorische Mindestforderungen handelt, die über Bildung und Ausbildung letztlich sogar zivilisatorische Randgruppen erreichen. Im Hinblick auf unseren Umgang mit Tieren scheint es diese Fortschrittstendenz leider nur in einer Pseudo-Variante zu geben: Zwar gehört es mittlerweile zumindest teilweise zur politischen Korrektheit, Tieren gewisse Rechte zuzusprechen, aber auf der Realebene verschlechtert sich die Situation der Tiere laufend – nicht zuletzt deshalb, weil immer mehr Tiere für menschliche Ernährungszwecke ermordet werden.

17.5.2010

Bekanntlich betonen die christlichen Kirchen immer wieder ihre wichtige geistige, geschichtliche usw. Rolle – „Fundament der abendländischen Kultur" usw. Auch wenn diese großsprurigen Behauptungen in aller Regel schief bis falsch sind – einen richtigen Kern haben sie: Das Christentum hat das „abendländische Denken" im Hinblick auf viele Fragen und Themen nachhaltig *ne-*

gativ geprägt. Nicht nur im Hinblick auf die Sexualität, sondern auch zum Beispiel in bezug auf Gefühle und Impulse wie Rache oder Haß. Bleiben wir beim Haß: Haß ist selbstverständlich in Wirklichkeit überhaupt nicht grundsätzlich und unter allen Umständen „falsch". Im Gegenteil: Haß kann auch so etwas wie ein zuverlässiger Kompaß sein: Wenn ich jemanden hasse, so kann dies ein Fingerzeig für ein bestimmtes, in diesem Fall angemessenes Verhalten sein. Etwa dafür, diesem Menschen in Hinkunft nicht mehr zu trauen und ihm nach Möglichkeit aus dem Weg zu gehen. Gewiß kann Haß auch sehr schädlich für den Hassenden sein, ihn zum Beispiel quasi emotional auffressen bzw. innerlich aushöhlen. Aber um die „Kompaßfunktion" zu nützen und das „Aufgefressenwerden" zu vermeiden, bedarf es eben einer rationalen, differenzierten Vorgangsweise. Und eben die wird durch die hysterische Abwehr und Verdammung von allem, was mit Haß zusammenhängt, verhindert.

18.5.2010

Zum Reif- und Rational-Sein gehört grundsätzlich unter anderem, sich keine, wenigstens keine allzugroßen Illusionen zu machen, keine Erwartungen zu haben, die sich nie und nimmer erfüllen können. Wendet man dieses Prinzip auf das Leben selbst an, kommt man freilich in

Schwierigkeiten – bzw. erkennt ein Grundproblem des Lebens: Keine Sekunde könnten wir ohne völlig überzogene Erwartungen überleben!

19.5.2010

Man veranschauliche sich die allgegenwärtigen typisch menschlichen Eigenschaften: Egoismius, Rücksichtslosigkeit, Brutalität, Falschheit, Verlogenheit, Sadismus usw. Jetzt versetze man sich in die Situation eines Tieres, das solchen Menschen lebenslang ausgeliefert ist. Und dann in die Situation eines Tieres, das solchen Menschen im Versuchslabor oder Schlachthaus ausgeliefert ist.

25.5.2010

So wie Haß – wie beschrieben – eine konstruktive Kompaßfunktion haben kann, so kann auch die Sehnsucht nach einem Liebesobjekt, das diese Sehnsucht nicht erwidert, eine konstruktive Kompaßfunktion haben: Ich kann mir sagen: Schau, nach so etwas sehnst du dich, nach so etwas solltest du Ausschau halten. Mit anderen Worten: Such dir eine neue Realisierungsinstanz, ein neues Auslöserobjekt [= potentielle Realisierungsinstanz, siehe ersten Eintrag für 27.5. 2010, HFK]!

25.5.2010

Wenn ich mir vergegenwärtige, daß meine Eltern jeweils ein ganzes langes Leben lang vermutlich nicht eine einzige Sache kapiert bzw. richtig gesehen haben und daß sie auch nicht dümmer sind als die meisten Menschen, erfüllt es mich mit Dankbarkeit und Genugtuung, daß ich mich seit langem mit kaum jemand mehr unterhalte.

25.5.2010

Schon wieder eine imposante Bestätigung meiner theoretischen Erkenntnisse: Was ich jetzt mit meiner ersten Realisierungsinstanz erlebe, hätte mich bis vor zwei Jahren in allergrößte Euphorie versetzt. Heute erlebe ich das alles radikal „verkleinert", auf emotionaler Sparflamme quasi, normal, alltäglich. Warum? Weil diese Person keine Realisierungsinstanz mehr ist, weil ich diese Person nicht mehr libidinös besetzt habe. Dinge, die mich früher entzückt hätten, haben nur mehr eine so geringe Bedeutung, daß ich mir lange überlege, ob ich sie überhaupt festhalten soll. Da fällt mir ein – und das schlägt dem Faß den Boden durch: Gestern hat meine erste Realisierungsinstanz, wenn mich nicht alles täuscht, das erste Mal in den 41 Jahren, seit denen wir uns kennen, ohne Aufforderung „Entschuldigung" gesagt. Selbst das hatte für mich lediglich quasi emotionalen Fußnotencharakter.

27.5.2010

„Liebestechnisch" gleicht unser Leben einem Weg, an dessen Rändern Pflöcke mit aufmontierten Spiegeln stehen. Die Pflöcke sind mögliche Auslöserobjekte. Die Aufsätze, Spiegel bzw. Projektionsflächen, können die Auslöserobjekte in Liebesobjekte, in Realisierungsinstanzen verwandeln, die Aufsätze sind quasi die Libido-Besetzungs-Apparaturen. Ein beruhigender Aspekt dieser Anordnung ist, daß immer wieder mögliche Auslöserobjekte auftauchen, es also keine Notwendigkeit gibt, sich auf bestimmte Auslöserobjekte zu versteifen. Der größtmögliche Fehler ist, trotz dieser Auswahl auf ein Auslöserobjekt zu bestehen, bei dem die Sache schon einmal grandios gescheitert ist.

27.5.2010

Wenn ich etwas getrunken habe, bedeutet die „Heilung" von ihr gleichzeitig die „Heilung" vom Leben, genauer: vom Lebenswillen, vom Lebenssinn. Das entspricht so ziemlich dem Gegenteil meiner rationalen Erkenntnis, wenn ich nüchtern bin. Dennoch sind beide Sichtweisen auf ihrer jeweiligen Ebene, der emotionalen und der rationalen, wohl „richtig". Es *gibt* eben keine keine „Versöhnung von Gefühl und Verstand". Das gehört zur Essenz unseres Lebens: das Leben-Müssen und Erleben-Müssen eines existentiellen, unaufhebbaren, unerträglichen Widerspruchs.

29.5.2010

Song Contest. Mit der Freude über Lenas Sieg feiere ich gewissermaßen meine eigene Niederlage – weil ich zur Kenntnis nehmen muß, daß meine Freude einen einfachen Grund hat: Lena erinnert mich an sie. Wieder zeigt sich: Das rationale Erkennen hat auf das Fühlen, das durch Alkohol ausgelöst wird, kaum eine Auswirkung. Oder gar keine Auswirkung. Auf emotionaler Ebene haben mir meine Einsichten gar nichts geholfen, neutral formuliert: sie haben nichts verändert. Es bestätigt sich einmal mehr die inhaltliche Nichtvereinbarkeit von Denken und Fühlen bzw. das gleichzeitige Existieren unterschiedlicher Inhalte auf der Erkenntnis- und auf der Gefühlsebene. Ich habe Lenas Sieg erlebt wie den Sieg meines Kindes oder den Sieg meiner Frau.

30.5.2010

Warum es den Menschen vergleichsweise gut geht und den Tieren verheerend schlecht, läßt sich leicht erläutern: Beide, Menschen wie Tiere, sind zwar auf die Steigerung des eigenen Wohlbefindens programmiert, aber die menschlichen Möglichkeiten sind unvergleichlich größer. Und während der Mensch seine wissenschaftlichen, technischen und organisatorischen Fähigkeiten nutzt, um sein Leben zu verbessern, nutzt er sie gleichzeitig dazu, die Tiere für seine Zwecke zu instrumentalisieren. Dadurch wird das Mißverhältnis zwischen menschlichem Wohlergehen und tierlichem Leiden immer größer.

30.5.2010

Die Theorie, daß ich nur unter Alkoholeinfluß in den emotionalen Bereich eintauche, war leider falsch: Heute bei den Abendnachrichten kamen mir auch sofort die Tränen, als ich Lena sah – und ich war stocknüchtern.

3.6.2010

Typisch für unser Leben ist auch, daß selbst die Erfüllung unserer Wünsche – ein ohnehin eher seltenes Ereignis – oft viel weniger toll als erwartet ausfällt. Entweder erweist sich überhaupt, daß es besser gewesen wäre, der Wunsch wäre nicht in Erfüllung gegangen. Oder aber es haben sich mittlerweile die Umstände dergestalt geändert, daß die Wunscherfüllung bei weitem nicht mehr den Stellenwert von einst hat.

Meine jetzige Situation, die wohl auch die endgültige ist, läßt sich wie folgt beschreiben: Wenn ich quasi rational fit bin, habe ich sie und die „ganze Angelegenheit" aufgearbeitet, bewältigt, überwunden. Je stärker aber das Denken durch Alkohol oder Müdigkeit einschränkt oder geschwächt wird, desto mehr versinke ich wieder hoffnungslos in die hoffnungslose Liebe. Was nun echter oder auch nur stärker ist, vermag ich letztlich nicht zu sagen – weil ich mich ja immer nur auf einer der beiden Ebenen befinde, eine „neutrale Beobachtungsplattform" gibt es nicht.

„Zwei Seelen wohnen, ach! in meiner Brust, die eine will sich von der andern trennen"? Zwei Seelen – ja, trennen wollen – eigentlich nicht. Denn wenn ich auch keine neutrale dritte Position habe, so kenne ich doch immerhin die beiden erwähnten Zustände bzw. Erlebensformen – und akzeptiere sie als gleichberechtigte Teile der Gesamtwirklichkeit. So kann ich auch den „defizitären Charakter" all jener erkennen, die „rein rational" oder „rein emotional" sind. Es gehört eben beides zum Menschsein, erst diese – schmerzliche – Gespaltenheit macht den „vollkommenen" Menschen.

4.6.2010

Liest man die Zeitung und sieht, wie unendlich dumm und schlecht die Menschen sind, kann man sich des Eindrucks nicht erwehren: Mit dem Menschen geht ein gewagtes Experiment grausam schief. Das Problem: Die Hauptleidtragenden sind die Tiere.

5.6.2010

Ich verdränge sie ab jetzt einfach vollkommen. Ich kann nicht mehr, und ich will nicht mehr. Ich verdränge sie, bis sie tot ist oder bis ich tot bin.

7.6.2010

Heinz Holliger in einem „Zeit"-Interview (23, 2010, S. 43) anläßlich des 200. Geburtstages von Robert Schumann auf die Frage „Aber die Geiteskrankheit ist unbestreitbar, oder?": „Einmal ganz banal gesagt: Ein normaler Mensch komponiert nicht … Es braucht eine gewisse Offenheit und Unangepasstheit des Geistes, sonst kann Schöpfertum gar nicht entstehen. Bei den sogenannten Wahnsinnigen ist diese Offenheit durch die Zurichtungen des Lebens weniger zugemauert, sie haben direkteren Zugang zu ihrem Unterbewussten." Und dann weiter:

„Solche Leute haben einfach feinere Antennen als andere. Ich weiß nicht, wie es wäre, wenn uns Beethoven auf der Straße begegnete, ob wir ihn als normalen Menschen wahrnehmen würden."

Serge Gainsbourg, der bekanntlich fortschreitend dem Alkohol verfiel, sagte in einem Interview, das ich kürzlich sah, etwa folgendes: Er durchschaue leider alles, das Leben, die Welt, die Wirklichkeit, und das sei äußerst belastend und schmerzhaft.

Vermutlich muß man bei entsprechender Sensibilität für die Wirklichkeit und das Leiden in der Welt, um den realen Selbstmord zu vermeiden, rechtzeitig quasi geistigen Selbstmord begehen: jene Themen, Bereiche und Personen, die einem besonders nahegehen, automatisch und rigoros verdrängen, um die damit verbundenen vernichtenden Gefühle zu vermeiden.

7.6.2010

Uns allen geht es zuweilen ziemlich schlecht, auch wenn wir es uns oder anderen oft nur teilweise eingestehen. Aber immerhin: Im Grunde wissen wir meist ziemlich genau, *warum* es uns schlecht geht: weil wir einsam sind, weil wir erfolglos sind, weil wir uns nach Liebe sehnen usw. Und wir können an unserer Situation prinzipiell auch etwas ändern: Kontakt suchen, an uns arbeiten usw. Außerdem können wir unsere unangenehmen Gefühle bzw. deren Ursachen auch mehr oder weniger erfolgreich verdrängen.

Tieren geht es auch oft schlecht. Und jenen, die wir gefangen halten, um sie dann umzubringen, geht es wohl immer schlecht. Aber sie wissen weniger genau, warum es ihnen schlecht geht, sie können an ihrer Situation nichts ändern und sie können ihre Probleme auch nicht gezielt verdrängen. Ihr ganzes Leben ist mehr oder weniger eine Aneinanderreihung, ein Ineinanderübergehen von Alpträumen – ähnlich unserem Erleben in schlechten, „schlaflosen" Nächten, in denen sich Alpträume und erfolgloses Grübeln im Halbschlaf ablösen.

Es gibt also viele Milliarden Wesen, denen es viel schlechter geht als uns. Daran sollten wir öfter denken. Zur Aufmunterung: daß es uns *so* schlecht auch wieder nicht geht. Zur Ermahnung: daß wir nicht leichtfertig dazu beitragen sollen, andere in Höllen zu schicken, die noch schlimmer sind als jene, unter denen wir leiden.

14.6.2010

Friederike Mayröcker über die Schönwetter-Tortur: „Ich schreibe nur bei Tag. Aber da muss die blöde Sonne weg sein." „Bei Regenwetter geht alles viel besser. Oder wenigstens so ein dunkler Himmel, so ein bedeckter Himmel." (Profil, 21, 2010, S. 111)

14.6.2010

Eine der größten Gefahren für ein einigermaßen ge-
lungenes Leben sowie für eine einigermaßen gelungene
Beendigung des Lebens ist der ausgeprägte „natürliche
Lebenswille" – samt Folgen: mehr wollen, als möglich
ist, etwas Bestimmtes wollen, was nicht möglich ist usw.
Und das Schwierigste vielleicht überhaupt – analog der
Schwierigkeit, eine Politiker- oder Sängerlaufbahn rechtzeitig zu beenden: erkennen, ab wann Zukunftsinves-
titionen nicht nur sinnlos, sondern schädlich sind, ab
wann es besser ist, anstatt seine Energie in Künftiges zu
investieren, einfach Dinge zu tun – und seien sie noch so
schädlich oder gefährlich –, die man tun will. Nur nicht
ewig unwürdig weiterhoffen!

14.6.2010

Viele, wenn nicht alle Kunstwerke sind wohl auch Le-
bensbewältigungsversuche des Künstlers. Die meisten
Kunstwerke sind vermutlich sogar verzweifelte Lebensbe-
wältigungsversuche des Künstlers. Wenn man sich nun
alle Kunstwerke der Welt vorstellt und bedenkt, daß die
Menschen, die keine Kunstwerke schaffen, ja nicht deshalb keine schaffen, weil sie so glücklich sind, sondern
weil sie keine Künstler sind, dann bekommt man einen
Begriff vom Leiden in der Welt. Kunst als materialisiertes

Leiden; Museen, Bibliotheken und Konzertsäle als Kathedralen und Endlagerstätten des Leidens am Leben.

14.6.2010

Überleben als Toter. Seitdem ich geistigen, seelischen und gefühlsmäßigen Selbstmord begangen habe, geht es mir gut. Ich habe Nietzsches Programm des „russischen Fatalismus" umgesetzt. Als Toter lebt es sich ganz angenehm. Ich kann wieder schlafen, nichts bewegt oder berührt mich. Zwar bin ich (noch?) kein ganz klares Weltauge (Schopenhauer), sprich: ganz ohne Gefühle, aber auch kein „weinendes Weltauge" – sondern ein leicht trauriges, getrübtes Weltauge. Die mitschwingende leise Trauer ist der letzte Rest von Leben, die einzig verbliebene Verbindung zum Leben.

16.6.2010

Wie schon gesagt: Selbst nach „brutalstmöglicher" Durchführung rationaler Analysen bleibt auf der emotionalen Ebene die Abhängigkeit, die Liebe, was auch immer, bestehen. Und die emotionale Ebene ist nun einmal genauso „echt" wie die rationale. Eine etwas gruselige Bestätigung meiner Erkenntnisse und Ergebnisse fand ich heute beim Wikipedia-Eintrag zum Psychoanalytiker

Ernest Borneman (dort fälschlich: „Ernst Bornemann"),
bei dem ich während meines Studiums viele Vorlesungen
gehört und der sich auf Liebe und Sexualität spezialisiert
hatte – und seine eigene Situation daher wohl entsprechend durchleuchtet und durchdacht hatte:

„Bornemann starb durch Suizid. Der direkte Anlass war
eine gescheiterte Liebesbeziehung zu der 42 Jahre jünge-
ren Ärztin Sigrid Standow ... (...) Er sei ... völlig von
ihr abhängig. 'Ich kann dieser Hörigkeit nicht entkom-
men, außer wenn ich meinem Leben ein Ende mache.'"

16.6.2010

Eben bemerke ich, daß ich die Interessantheit einer Person, ja das Gelungensein eines Lebens immer mehr da-
nach beurteile, ob sich der Betreffende umgebracht hat.
Wer nicht durch Selbstmord endete, erscheint mir erst-
mal irgendwie suspekt.

19.6.2010

Ich wiederhole mich: Ich halte, emotional-kindlich quasi, an etwas, an ihr, fest, obwohl ich rational weiß, daß
dies völlig unsinnig ist. Neu ist, daß ich die Parallele zu
dem sehe, was ich in „Freude, schöner Götterfunken"

schildere: Das irrationale Festhalten am Leben wider besseres Wissen. Während letzteres allerdings wenigstens insofern berechtigt bzw. sinnvoll sein kann, als es immerhin zu ein paar – wenn auch sehr teuer erkauften – Glücksmomenten führen könnte, ist das Festhalten an ihr absolut unsinnig – in gewisser Weise „reine" Liebe.

19.6.2010

Wenn man das Leben nicht mehr spürt, braucht man sich das Leben nicht mehr zu nehmen.

20.6.2010

Praktisch täglich muß ich an das denken, was ich vor einiger Zeit (in den „Salzburger Nachrichten" vom 18. 5. 2010, S. 9) von Woody Allen gelesen habe. Man müsse sich, sagt Allen etwa, in irgendetwas, wovon man weiß, daß es eigentlich völlig unwichtig ist, hineinsteigern, um sich selbst Befriedigung, Genugtuung und Freude zu bereiten. („Der Sport ist sozusagen meine persönliche religiöse Wahnvorstellung, meine Illusion, meine Ablenkung. Ich bilde mir ein, dass es wichtig ist, ob die New York Yankees gewinnen.") Bei Lichte besehen ist das nichts anderes als ein modifiziertes aktives Nachspielen dessen, was das Leben, das Schicksal, die Natur mit uns dauernd macht: Immer wieder tauchen am Horizont vermeintlich verlockende Ziele auf, die wir dann anstreben, um – im besten Fall – beim Erreichen des Zieles zu erkennen, daß „nichts dahinter steckt". Der große Vorteil bei diesem aktiven Nachspielen des Lebens ist, daß man sich Ziele aussuchen kann, bei denen der Weg ungefährlich, das Scheitern belanglos und der Erfolg lustvoll ist – irgendein mehr oder weniger blödsinniges Spiel, etwa Bierdeckel sammeln oder dergleichen.

21.6.2010

Krone der Schöpfung ist der Mensch allemal, nämlich unbestrittener Sieger der evolutionären Perversitäten-Hitparade: Dank unseres Selbstbewußtseins kommt die Natur im Menschen quasi zu sich, wird sich ihrer selbst bewußt. Und wir reden uns die erkannte grausame Wahrheit mittels Religion, Esoterik oder anderem Unsinn gleich wieder aus!

21.6.2010

Bestes Fundament für ungefährliche Pseudo-Sinn-Pflänzchen ist die erkannte objektive Sinnlosigkeit von allem.

21.6.2010

Auf einen in gewisser Weise beruhigenden Aspekt bin ich gestern bei Freud gestoßen: Bei der Liebe gebe es wohl so etwas wie einen Grunddefekt, so richtig funktioniere es eigentlich überhaupt nie. Dabei vergleicht Freud (1972, S. 207 f.) die Liebe zur Frau mit der Liebe zum Alkohol – um zum Ergebnis zu kommen, daß erstere nie die Harmonie letzterer erreiche:

„Hat man je davon gehört, daß der Trinker genötigt ist, sein Getränk beständig zu wechseln, weil ihm das gleichbleibende bald nicht mehr schmeckt? Im Gegenteil, die Gewöhnung knüpft das Band zwischen dem Manne und der Sorte Wein, die er trinkt, immer enger. (…) Wenn man die Äußerungen unserer großen Alkoholiker … über ihr Verhältnis zum Wein anhört, es klingt wie die reinste Harmonie, ein Vorbild einer glücklichen Ehe. Warum ist das Verhältnis des Liebenden zu seinem Sexualobjekt so sehr anders?"

25.6.2010

Es gibt wohl nicht viele Vorteile, die sich aus der spezifischen psychologischen Konstitution des Menschen ergeben. Einer, vielleicht der einzige: Wir können Ursachen unseres Unglücklichseins erkennen und damit unser Ausgeliefertsein verringern.

27.6.2010

Jetzt weiß ich, warum die Menschen gläubig sind, an etwas glauben, an „etwas Höheres" glauben: Weil es viel, viel einfacher ist, sich einer Illusion hinzugeben, als der kalten Wirklichkeit in die Augen zu sehen.

27.6.2010

Es gibt wohl so etwas wie „vernünftige" und „unvernünftige" Gefühle. Wenn jemand gut zu mir ist, dann sind „vernünftige" Gefühle etwa Freude oder Dankbarkeit. Habe ich die gleichen Gefühle, wenn mich jemand beschimpft und bespuckt, ist das vielleicht weniger vernünftig. Ein Großteil des Liebesunglücks basiert auf solch „unvernünftigen" Gefühlen, auf Gefühlen, die im Widerspuch zur Realität stehen.

Allerdings sollte man sich vor Illusionen darüber hüten, durch Herstellung „vernünftiger" Gefühle, also solcher, „die zur Wirklichkeit passen", allzuviel erreichen zu können. Erstens hat die Natur als Sicherung gegen Selbstmord hier wohl hohe Hürden auf dem Weg zu realistischen Gefühlen errichtet – wer die Gefühle hat, die der Realität angemessen sind, bringt sich schließlich leicht um. Zweitens kann die Sache auch „nach hinten losgehen". Wenn wir uns etwa bemühen, positive, aber „unvernünftige" Gefühle in bezug auf ein Liebesobjekt loszuwerden, kann es passieren, daß wir uns zwar des schrecklichen Verhaltens dieser Person „erfolgreich" schmerzlich bewußt werden – dies aber *dennoch* unsere „unvernünftige Liebe" nicht „umzubringen" vermag. Dann befinden wir uns in einer grauenhaften Situation – die jener ähnelt, wenn das Töten oder Sterbenlassen eines schwerbehinderten Kindes mißlingt: Die Abtötungsmaßnahmen greifen nicht und die Lage ist noch katastrophaler als zuvor.

29.6.2010

Verliebtheitsphantasien sind Paradiesphantasien. Vielleicht sind Atheisten dafür anfälliger als Menschen, die „an irgendetwas" glauben – weil die Verliebtheitsphantasien für Atheisten die einzigen – vermeintlichen – Paradieskrümel sind, die sie ergattern können.

1.7. 2010

„Wenn du einen Tag glücklich sein willst, besaufe dich.
Wenn du ein Jahr glücklich sein willst, heirate.
Wenn du ein Leben lang glücklich sein willst, werde Gärtner."

JAPANISCHES SPRICHWORT

Warum Gärtner? Vielleicht, weil der immer neue Realisierungsinstanzen pflanzlicher Archetypen sehen, erleben und genießen kann.

1.7.2010

Erstmals im Garten „unseres" Lokals. Ich freue mich über die schöne Aussicht auf Festung und Mönchsberg – da erkenne ich mit Entsetzen die Silhouette „unseres" Hauses [ein schloßartiges Haus auf dem Mönchsberg, das ich mir als „idealen Wohnort" vorstellte – Näheres in Kaplan, 2012a; HFK]. Obwohl ich mir gerade heute – und noch vor einer Stunde – ganz sicher war, daß sie mir absolut nichts mehr bedeutet!

2.7.2010

Im folgenden so etwas wie ein „empirischer Beweis" für die Relativität unserer Erlebnisse bzw. für die Willkür unserer Bewertung derselben. Dazu muß ich etwas ausholen: Wenn wir belastende Gedanken oder Gefühle loswerden wollen, gelingt dies in aller Regel nicht dadurch, daß wir sie quasi (nur) verbannen, sondern dadurch, daß wir sie durch andere verdrängen, „wegschieben" – weil es kaum möglich ist, ein quasi leeres Bewußtsein herzustellen. Nennen wir die belastenden Gedanken oder Gefühle „Probleminhalte", die Gedanken oder Gefühle, mit denen wir diese „wegschieben", „Verdränginhalte". Interessanterweise eignen sich als Verdränginhalte besonders gut ehemalige Probleminhalte; wohl deshalb, weil die sich schon irgendwie „eingeschliffen" haben und noch immer irgendwie „interessant" sind – sprich: leicht unsere Aufmerksamkeit erregen und binden. Wenn nun ein Probleminhalt tatsächlich zum praktikablen Verdränginhalt mutiert, ist das natürlich eine extrem erfreuliche Sache, da Verdränginhalte ja definitionsgemäß vergleichsweise harmlos sind – sonst würden wir sie ja nicht zum Verdrängen von (noch) Belastenderem einsetzen. Vor kurzem ist sie zu einem Verdränginhalt geworden.

3.7.2010

Zu den diversen durchsichtigen Verheißungen, mit denen uns die Natur zum Leben und Weiterleben motiviert, bzw. zu unserer Dummheit, die uns darauf hereinfallen läßt (apropos Dummheit: die menschliche Dummheit ist wohl der wirksamste Trick der Natur, um uns am Leben zu halten!): Im Verlgeich zur Verheißung, ein Kind werde Sinn in eine Beziehung oder in ein Leben bringen, ist das Verliebtheitstheater von geradezu rührender Harmlosigkeit: So sehr man unter Verliebtheit und Liebe und ihrem immer negativen Ausgang leiden kann – es ist eine Sache, die binnen Monaten oder Jahren überwunden sein kann. Beim irrationalen Kinder-in-die-Welt-Setzen dauert das Trauerspiel hingegen Jahrzehnte – samt eingebauter Verlängerung bzw. Vervielfältigung.

4.7.2010

Der Glaube, daß es Liebe gebe, ist genau so eine Illusion wie der Glaube, daß es Gott gebe. Und beide haben die gleiche Ursache: unsere Sehnsucht nach Sinn und Geborgenheit.

6.7.2010

Die Menschen in all ihrer Dummheit und Schlechtigkeit illusionslos und realistisch wahrzunehmen – das geht. Das Leiden in der Welt zu erkennen und etwas dagegen unternehmen zu wollen – das geht auch. Aber die Kombination die Menschen realistisch wahrnehmen und das Leiden lindern wollen erzeugt ein geradezu lebensgefährliches inneres Zerissenwerden.

6.7.2010

Erkennen der Wahrheit und Ertragen der Wahrheit schließen einander im Grunde aus: Sobald man die

Wahrheit erkennt, muß man flüchten – etwa zur Wein-flasche greifen. Die kurze Zeitspanne vom Begreifen der Wahrheit bis zum Greifen nach der Weinflasche ist jene Zeitpanne, in der wir die Wahrheit erleben.

7.7.2010

Eine präzisere Diagnose des menschlichen Lebens als Schopenhauer sie gestellt hat, gibt es wohl nicht: Leiden und Langeweile wechseln sich nahtlos ab.

7.7.2010

Sie ist in ihre Bestandteile zerfallen und hat sich in nichts aufgelöst. Jede Frau ihrer Attraktivitätsklasse ist besser – weil noch keine einen so schauerlichen Charakter of-fenbart hat.

7.7.2010

Eine der fatalsten Fehlschaltungen der Fehlkonstrukti-on Mensch ist, daß er auf der geistig-emotionalen Ebene immer gleich ein Riesen-Tamtam macht, die Phantasie immer gleich mit ihm durchgeht. Zwei Beispiele: Wenn wir jemanden sexuell attraktiv finden, entwickeln wir gleich gigantische Verliebtheitsphantasien. Und wenn wir über den Sinn des Lebens nachdenken, erschaffen wir gleich Höllen, Paradiese und Götter, daß das Weltall nur so wackelt. Wahnsinn!

7.7.2010

Vielleicht handelt es sich bei der „überschießenden Phantasie" des Menschen bei Verliebt-Sein und Sinn-Suchen weniger um originäre Konstruktionsfehler des Menschen als quasi um „Ad-hoc-Maßnahmen" der Natur: Als sie erkannte, mit dem Menschen ein Wesen erschaffen zu haben, das ihre üblen Tricks zu durchschauen droht, hat sie sich vor dem Durchschautwerden durch abstruse Phantasien zu schützen versucht.

7.7.2010

Das Nicht-Aussprechen-Können des Leidens, die Unfähigkeit, es „rational auf den Punkt zu bringen", verschlimmert das Leiden immens. Deshalb leiden die Tiere vermutlich viel mehr als wir.

7.7.2010

Das Leben durchschauen und am Leben verzweifeln sind zwei Seiten einer Medaille.

11.7.2010

Der Vorgang des Verliebens und der Zustand des Verliebtseins sind natürlich intellektuelle Bankrotterklärungen: weil wir die Ausblendung sämtlicher Fakten einfach zulassen. Und der gefährlichste Aspekt hierbei ist, daß wir dies auch auf moralischer Ebene tun: wir verwandeln geradezu halluzinatorisch nicht nur moralisch „neutrale" Menschen, sondern auch moralisch minderwertige Menschen in hochmoralische Menschen. Das kann nicht gutgehen.

11.7.2010

Heute habe ich mir erstmals nach langer Zeit wieder ihr Bild auf Facebook angesehen – ein neues, hübsches Bild. Zu meinem großen Erstaunen und zu meiner großen Erleichterung hat mich der Anblick nicht erschüttert. Macht also die Wahrheit wirklich frei – oder zumindest „freier"? Wo wir von der Natur oder von den Menschen „traditionellerweise" hinters Licht geführt werden, gewiß.

Freilich ist eine solche Jahres-, genauer: Lebenskarte fürs Desillusioniertsein, fürs Ent-Täuschtsein teuer erkauft: Der Erwerb ist schmerzlich und der Besitz macht nicht eben fröhlich. Aber immerhin: Hat man den traurigen Grund- und Gesamtzustand der Welt einmal erkannt und akzeptiert, ist man gegen einzelne Erscheinungsformen dieser traurigen Wahrheit besser gewappnet.

11.7.2010

Überschrift zu einem Gespräch mit dem Regisseur Hans Neuenfels (Der Spiegel, 27, 2010): „Hätte Elsa doch nie gefragt". Mit einer (wie ich schon damals wußte) vorgeschobenen Frage per E-Mail hatte ja alles begonnen. Wäre es besser gewesen, sie hätte mich nicht gefragt? Nein, denn damit begann ein Erkenntnis- und Ent-Täuschungskurs, wie er auf Erden fundamentaler nicht angeboten wird.

12.7.2010

Ich fühle mich wie jemand, der von einem Augenblick auf den anderen vom Gläubigen zum Atheisten wurde – gezwungen wurde.

13.7.2010

Daß es sie nicht gibt, wußte ich in Wirklichkeit schon lange. Aber ich habe offensichtlich noch immer *geglaubt*, daß es sie gibt. Jetzt ist das Wissen um ihre Nicht-Existenz, die Beweislast für ihre Nicht-Existenz so groß und überwältigend, daß auch der Glaube weg ist. Das ist ein beängstigendes bis vernichtendes Erlebnis.

13.7.2010

Es gibt sie schlicht nicht. Es ist wie mit der Nicht-Existenz Gottes: Das ist auch irgendwie traurig und schade, aber es ist unsinnig, sich darüber weitere Gedanken zu machen. Man muß sich an das halten, was es gibt, nicht an das, was es nicht gibt.

Theorie

Liebesphänomene, wie sie sich aufgrund von „Digitale Höllenfahrt", nachfolgenden Erwägungen und Einbeziehung psychoanalytischer Begriffe darstellen

1) Grundlage aller Verliebtheits- und Liebes-Gefühle, -Gedanken, -Phantasien und -Sehnsüchte (künftig: „Liebesphänomene") ist die sexuelle Attraktivität des Auslöserobjekts. (Hinzukommen müssen auch noch psychologische / moralische Mindestvoraussetzungen: In eine Frau, die mich dauernd – buchstäblich oder bildlich – tritt, bespuckt oder andere abstoßende Eigenschaften hat, werde ich mich kaum verlieben.)

2) Daß das sexuelle Begehren die Grundlage der Liebesphänomene ist, wird biologisch / psychologisch quasi unterdrückt: Man merkt es nicht und glaubt es nicht.

3) Obwohl das Aulöserobjekt, wie gesagt, auch bestimmte faktische psychologische / moralische Mindestvoraussetzungen erfüllen muß, besteht dennoch immer eine große Kluft zwischen den (vermeintlich) wahrgenommenen Eigenschaften des Liebesobjekts und den tatsächlichen Eigenschaften des Liebesobjekts.

4) Die Liebesphänomene sind nicht mit dem Liebesobjekt verknüpft: Sobald dessen sexuelle Attraktivität nicht mehr gegeben ist, schwinden sie und können sich (in gleicher Intensität und Qualität!) an
einem anderen geeigneten Auslöserobjekt ent-
zünden.

5) Mit dem Schwinden der Liebesphänomene geht
eine spektakuläre „Verkleinerung" *aller* Gedanken,
Gefühle und (charakterlichen) Bewertungen in bezug auf das ehemalige Liebesobjekt einher: (Maßlo-
se) Enttäuschung, Verbitterung, Verärgerung,
Verzweiflung usw. aufgrund von Feigheit, Verrat,
Falschheit, Rücksichtslosigkeit, Opportunismus,
Illoyalität usw. werden auf jenes Maß reduziert,
in dem solche Gedanken, Gefühle und Bewertungen auch in bezug auf andere Menschen auftreten.

6) Das vielleicht herausragendste Charakteristikum
dieses Erklärungsmodells ist, daß es sich bei den
Liebesphänomenen um quasi freischwebende, mit
keinem bestimmten Individuum fest verknüpfte
psychische Entitäten handelt.

Freuds Libidotheorie

Die zuletzt angesprochenen „freischwebenden Liebes-phänomene" hat Sigmund Freud in seiner Libidotheorie beschrieben. Im folgenden ein paar Zitate, die erhellen sollen, was ich damit ausdrücken will. Ich beginne mit lexikalischen Informationen:

a) Libido: „Kraft, mit welcher der Sexualtrieb im Seelenleben auftritt." (Peters, 1977)

b) Libido: „Wir heißen so die als quantitative Größe betrachtete ... Energie solcher Triebe, welche mit all dem zu tun haben, was man als Liebe zusammen-fassen kann." (Laplanche / Pontalis, 1972, S. 285)

c) Libido: „Von Freud postulierte Energie als Substrat der Umwandlungen des Sexualtriebs im Hinblick auf das Objekt (Verschiebung der Besetzungen), im Hinblick auf das Ziel (z. B. Sublimierung)." (Laplanche / Pontalis, 1972, S. 284)

d) „‚Plastizität der Libido' erläutert den ... Gedanken, daß die Libido im Hinblick auf ihre Objekte zuerst relativ unbestimmt ist und immer fähig bleibt, sie zu wechseln." (Laplanche / Pontalis, 1972, S. 289)

e) „Dem analytischen Studium bequem zugänglich wird diese Ichlibido aber nur, wenn sie die psychische Verwendung zur Besetzung von Sexualobjekten gefunden hat, also zur Objektlibido [im Original hervorgehoben, HFK] geworden ist. Wir sehen sie dann sich auf Objekte konzentrieren, an ihnen fixieren oder aber diese Objekte verlassen, von ihnen auf andere übergehen ... (...) Von den Schicksalen der Objektlibido können wir noch erkennen, daß sie von den Objekten abgezogen, in besonderen Spannungszuständen schwebend erhalten und endlich ins Ich zurückgeholt wird, so daß sie wieder zur Ichlibido geworden ist." (Freud, 1972 , S. 121 f.)

f) „Worin besteht nun die Arbeit, welche die Trauer leistet? Ich glaube, daß es nichts Gezwungenes enthalten wird, sie in folgender Art darzustellen: Die Realitätsprüfung hat gezeigt, daß das geliebte Objekt nicht mehr besteht, und erläßt nun die Aufforderung, alle Libido aus ihren Verknüpfungen mit diesem Objekt abzuziehen. Dagegen erhebt sich ein begreifliches Sträuben – es ist allgemein zu beobachten, daß der Mensch eine Libidoposition nicht gern verläßt, selbst dann nicht, wenn ihm Ersatz bereits winkt. Dies Sträuben kann so intensiv sein, daß eine Abwendung von der Realität und ein Festhalten des Objekts durch eine halluzinatorische Wunschpsychose ... zustande kommt." (Freud, 1975, S. 198)

Weitere Erhellung durch Helen Fisher

Oben wurde ausgeführt, daß das Entscheidende der Liebesphänomene nicht in den Liebesobjekten, sondern „in der Liebe selbst", psychoanalytisch formuliert: in der libidinösen Besetzung zu sehen ist. Und daß die Liebesphänomene erst recht nicht mit bestimmten Individuen verknüpft sind. Mit den Worten der Liebesforscherin Helen Fischer ausgedrückt (Profil, 17, 2010, S. 100): „Es geht nicht um den Tänzer, sondern um den Tanz. Das hat mit der Dopaminproduktion zu tun, die einen Zustand des Verlangens hervorruft. Wenn keine Belohnung eintrifft, wird die Produktion erhöht. Und wer dann das Radarsystem kreuzt und einigermaßen passt, in den verliebt man sich."

Weitere Erhellung durch Martin Walser

"Es gibt eine Sehnsucht, die nichts von sich weiß." (Walser, 2010, S. 44) „Dieses Nichtbeimirbleibenkönnen, nenn´ ich Sehnsucht. Ist kein Zustand, sondern eine Bewegung. Rasend langsam. Mein Jenseits ist auch nichts. Es ist ein Wunsch. Ein Bedürfnis. Ein Mangel. Ein Fehl." (Ebenda, S. 80)

Diese Sehnsucht könnte verstanden bzw. erklärt werden als Äußerung bzw. Folge der freischwebenden Libido, also der Libido, die momentan kein Objekt besetzt und daher mit keinem Individuum verknüpft ist.

„Es ist nicht wichtig, daß Reliquien echt sind. (...) Kann eine Reliquie falsch sein? Nein. Sie wird ja erst durch den Glauben geheiligt beziehungsweise echt." (Ebenda, S. 57 f.)

So wie es unsinnig ist, von „echten" Liebesobjekten zu sprechen: Die Auslöserobjekte sind in hohem Maße austauschbar und werden erst durch unsere libidinösen Besetzungen zu Liebesobjekten!

„Glauben heißt, Berge besteigen, die es nicht gibt. (...) Glauben, was nicht ist, dass es sei. Ohne das Geglaubte wäre die Welt immer noch wüst und leer." (Ebenda, S. 58)

Erst durch unsere libidinösen Besetzungen schaffen wir – in hohem Maße irreale – Liebesobjekte, die ihrerseits die Welt zum Singen und Klingen bringen bzw. ihr Farben und Freuden verleihen.

„Ich muss es einmal sagen. Da sind einander gegenüber Augustin und Eva Maria und haben nur zwei Wörter. Fotze, sagt er. Schwanz, sie." (Ebenda, S. 68)

Als ich vor ein paar Wochen beim Spazierengehen zwei

Hunde beobachtete, wie sie sich ausschließlich und aufdringlich wechselseitig für ihre Geschlechtsteile interessierten, dachte ich: Die zeigen, worum es (auch) bei menschlichen Beziehungen wirklich geht.

„Die Sehnsucht hat kein Ziel mehr. Sie ist nur noch sie selbst." (Ebenda, S. 75)

Das ist eine schöne Beschreibung für die freischwebende Libido.

„Meine Gefühle sind ungut, weil ihnen keine Wirklichkeit entspricht. Diesen Gefühlen wird nie eine Wirklichkeit entsprechen. Das wollen mir meine Gefühle nicht glauben. Deshalb muss ich sie fälschen. (…) Aber wenn ich deutlich genug erkenne, dass sie mich zu einem weltfremden Verhalten verführen wollen, dann muss ich sie fälschen. Ich muss in meinem Innersten weltgerechter, weltentsprechender empfinden." (Ebenda, S. 95 f.)

Das Gewahrwerden der Kluft zwischen den vermeintlichen und empfundenen Eigenschaften des Liebesobjekts einerseits und dessen tatsächlichen Eigenschaften andererseits ist immer ein sehr schmerzhafter Vorgang. Im Gegensatz zur oben in f) beschriebenen Abwendung von der Realität wird hier der quasi entgegengesetzte Versuch unternommen: die als „Fälschung" empfundene Ausrichtung der Gefühle in Richtung Realität.

Schopenhauers Willenstheorie (inkl. Leidensbe-stimmtheit des Lebens)

Der Wille ist das „Ding an sich". Er ist es, der die Plane-ten bewegt, die Anziehung und Abstoßung von Stoffen bewirkt. Im Reich des Lebens herrscht der Wille zum Le-ben, seine stärkste Äußerung ist der Fortpflanzungstrieb. (Brockhaus, 1974, Störig, 1970, S. 358 f.)

Was sich im individuellen Bewußtsein als Geschlechts-trieb darstellt, ist nichts anderes als die Manifestation des Willens zum Leben der Gattung (Schopenhauer, 1977, IV, S. 626 f.), Verliebtheit nichts anderes als individuali-sierter Geschlechtstrieb. (Ebenda, S. 624) Der Wille ist aber auch generell der Antrieb des Menschen, der Intel-lekt lediglich der Diener des Willens. (Störig, 1970, S. 358 f.)

Objektiv betrachtet ist das Leben nicht lebenswert – weil es vor allem aus Leiden, Not und Enttäuschung besteht. (Ebenda, S. 359 f.) Jeder befriedigte Wunsch gebiert einen neuen und keine mögliche Befriedigung kann unser Verlangen je wirklich stillen. (Schopenhauer, 1977, IV, S. 670) Das Leben erweist sich als fortgesetz-ter Betrug, im großen wie im kleinen: Was es verspricht, hält es nicht, „es sei denn, um zu zeigen, wie wenig wün-schenswerth das Gewünschte war." So täuscht uns ein-mal die Hoffnung, dann wieder das Erhoffte. (Ebenda, S. 670 f.)

„Die Belehrung, welche Jedem sein Leben giebt, besteht im Ganzen darin, daß die Gegenstände seiner Wünsche beständig täuschen, wanken und fallen, sonach mehr Quaal als Freude bringen, bis endlich sogar der ganze Grund und Boden, auf dem sie sämmtlich stehn, einstürzt, indem sein Leben selbst vernichtet wird und er so die letzte Bekräftigung erhält, daß all sein Streben und Wollen eine Verkehrtheit, ein Irrweg war." (Ebenda, S. 672)

Da unser Leben etwas ist, das besser nicht wäre, „trägt Alles, was uns umgiebt, die Spur hievon – gleich wie in der Hölle Alles nach Schwefel riecht" (Ebenda, S. 675): Alles ist unvollkommen und trügerisch, alles Angenehme mit Unangenehmem versetzt, jeder Genuß ist immer nur ein halber, jedes Vergnügen enthält seine eigene Störung, die Stufe, auf die wir treten, bricht oft unter uns und wir müssen erkennen, daß „Unfälle, große und kleine, das Element unsers Lebens sind". (Ebenda, S. 676)

Das Leben ist also ein einziges Verlustgeschäft – was wir freilich erst spät, wenn überhaupt, bemerken. Hätten wir die Möglichkeit, eine freie und informierte Entscheidung zu treffen, würden wir erst gar nicht geboren werden wollen: „Da wird denn das Leben für ein Geschenk ausgegeben, während am Tage liegt, daß Jeder, wenn er zum voraus das Geschenk hätte besehn und prüfen dürfen, sich dafür bedankt haben würde." (Ebenda, S. 678)

Diese Welt mit optimistischen Augen zu sehen, ist daher absurd. Optimismus ist aber nicht nur unberechtigt, sondern auch schädlich, „denn er stellt uns das Leben als einen wünschenswerthen Zustand, und als Zweck desselben das Glück des Menschen dar." (Ebenda, S. 684) Folgerichtig halten wir es dann für eine Ungerechtigkeit, wenn sich dieses Glück nicht einstellt, wir glauben, den Zweck des Daseins zu verfehlen, wenn wir nicht glücklich sind. Dabei wäre es „viel richtiger …, Arbeit, Entbehrung, Noth und Leiden, gekrönt durch den Tod, als Zweck unsers Lebens zu betrachten". (Ebenda)

Der Glaube, daß wir auf Erden seien, um glücklich zu sein, ist unser *Grundirrtum*. Und solange wir in diesem Grundirrtum verharren, erscheint uns die Welt voller Widersprüche. „Denn bei jedem Schritt, im Großen wie im Kleinen, müssen wir erfahren, daß die Welt und das Leben durchaus nicht darauf eingerichtet sind, ein glückliches Daseyn zu enthalten." (Ebenda, S. 743) Um es mit Freud zu sagen: Das Programm des Lustprinzips scheint „im Hader mit der ganzen Welt" zu sein.

Das Leben heilt uns sukzessive von unserem Grundirrtum, indem es uns zeigt, daß es aus lauter Unfällen, Enttäuschungen und Leiden besteht. (Ebenda, S. 744 f.) Diesbezüglich noch heilsamer ist freilich der Tod: Er setzt der Lehre, die das ganze Leben stückweise gab, quasi die Krone auf, indem er mit einem Schlag alles Erhoffte, Erwünschte, Erstrebte zunichte macht.

Der Tod ist das Ergebnis des Lebens, das Sterben der eigentliche Zweck des Lebens. Weil nur der Mensch diese Zusammenhänge erkennen und erfassen kann, kann nur der Mensch den Willen verneinen, sich bewußt vom Leben abwenden. Nur der Mensch kann „den Becher des Todes" wirklich leeren, die Menschheit ist „die alleinige Stufe, auf welcher der Wille sich verneinen und vom Leben ganz abwenden kann". (Ebenda, S. 746 f.) Die vorsätzliche Brechung des Willens mittels Askese führt dann auch zu einer „Meeresstille des Gemüts". (Störig, 1970, S. 362)

Eine zweite Möglichkeit, sich – zeitweise – „dem Sklavendienste des Willens" zu entreißen, bietet die Kunst, sie kann unser Gemüt in einen schmerzlosen, überirdischen Zustand versetzen, in den „Zustand der Götter" (Epikur), hier können wir uns von der „Zuchthausarbeit des Wollens" erholen. (Ebenda, S. 361).

Das Leben offenbart einen merkwürdigen antagonistischen Charakter, es ist durch zwei diametral entgegengesetzte Tendenzen charakterisiert:

- der individuelle Wille, gerichtet auf das chimärische (trügerische) Glück in einem täuschenden Dasein;
- das Schicksal, das auf die Zerstörung dieses vermeintlichen Glücks hinarbeitet, auf die Abtötung unseres Willens, auf die Aufhebung des Wahnes, der uns an diese Welt fesselt. (Schopenhauer, 1977, IV, S. 749)

Es stellen sich unter anderem folgende weitergehende, grundsätzliche Fragen (an dieser Stelle ist der Originaltext besonders schwerverständlich, HFK):

- Woraus ist der Wille entsprungen?
- Wie kam der Wille in die mißliche Lage, entweder als eine Welt zu erscheinen, in der Leiden und Tod herrscht, oder aber sein ureigenstes Wesen zu verneinen?
- Warum hat der Wille die Ruhe des seligen Nichts verlassen?
- Woher rührt „der große Mißton, der diese Welt durchdringt?" (Ebenda, S.750 f.)

Freuds Triebtheorie

Entgegen unserer üblichen Vorstellung vom Trieb als etwas Vorwärtsstrebendem spricht viel dafür, daß das Grundcharakteristikum aller Triebe ein konservatives Element ist: ein Drang zur Wiederherstellung eines früheren Zustandes, den das Belebte aufgrund von Störungseinflüssen verlassen mußte. Ein Beispiel für diese historische Bedingtheit von Trieben wären Fische, die beschwerliche Wanderungen unternehmen, um den Laich an früheren Wohnstätten abzulegen. (Freud, 1975, S. 246) Irgendwann wurden vielleicht durch irgendeine Krafteinwirkung in der unbelebten Materie die Eigenschaften des Lebenden erweckt. Vielleicht ein ähnlicher

Vorgang wie jener, der später in einer gewissen Schicht der lebenden Materie Bewußtsein entstehen ließ. Die so entstandene Spannung im vorhin unbelebten Stoff trachtete nach Abbau / Ausgleich – der erste Trieb war entstanden, nämlich der, zum Leblosen zurückzukehren. Das Ziel allen Lebens ist der Tod. Das Leblose war vor dem Lebenden da. (Ebenda, S. 247 f.)

Für die damals lebende Substanz war das Sterben noch leicht, weil wahrscheinlich nur ein kurzer durch die chemische Struktur des jungen Lebens bestimmter Lebensweg zu durchlaufen war. Äußere Einflüsse bedingten aber mit der Zeit immer größere Ablenkungen vom ursprünglich kurzen Lebensweg, immer kompliziertere Umwege mußten absolviert werden, um das Todesziel zu erreichen. Diese Umwege zum Tod, von den konservativen Trieben festgehalten, stellen sich uns als Lebenserscheinungen dar. (Ebenda, S. 248) Selbsterhaltungs-, Macht- und Geltungstriebe sichern den Todesweg des Organismus, die Rückkehr zum Anorganischen. Paradoxerweise sträubt sich der lebende Organismus energisch gegen alle Einwirkungen („Gefahren"), die, durch Kurzschluß quasi, ein schnelleres Erreichen des Lebenszieles = der Tod ermöglichen würden. (Ebenda, S. 248 f.) Der Sexualtrieb („die Sexualtriebe" im Original, HFK) ist in dem Sinne der eigentliche Lebenstrieb, als er den anderen Trieben, die in Richtung Tod arbeiten, entgegenwirkt. (Ebenda, S. 250)

„Unversehens", schreibt Freud, sind wir „in den Hafen der Philosophie Schopenhauers eingelaufen ..., für den ja der Tod das ʻeigentliche Resultatʻ und insofern der Zweck des Lebens ist, der Sexualtrieb aber die Verkörperung des Willens zum Leben." (Ebenda, S. 259)

Noch einmal zurück zur angesprochenen Entstehung der belebten Materie und zu deren Verhältnis zur unbelebten Materie: Das sind philosophisch faszinierende Themen! Im Fernsehen hörte ich einmal die Bemerkung, das Leben sei die *Krankheit* der Materie. Und bei Martin Walser (2003, S. 28) ist die Rede vom Leben als einer „*Wunde*, die sich nicht schließen will als durch den Tod" (Hervorhebung von HFK). Im „Buch der Unruhe" von Fernando Pessoa soll das Leben als *metaphysischer Irrtum* der Materie gesehen werden. Aussagen und Bewertungen, die im Lichte von Schopenhauers „lebenskritischen" Äußerungen nicht von der Hand zu weisen sind.

Schopenhauers Liebes-"Dynamik" und -Phänomenologie

Was sich im individuellen Bewußtsein als Geschlechtstrieb darstellt, ist nichts anderes als die Manifestation des Willens zum Leben der Gattung, (Schopenhauer, 1977, IV, S. 626 f.), Verliebtheit nichts anderes als individualisierter Geschlechtstrieb. (Ebenda, S. 624)

Die Liebe ist ein Täuschungsmittel der Natur zum Zwecke der Erhaltung der Gattung. Die Leidenschaft beruht auf dem Wahn, daß das für die Gattung Wertvolle für das Individuum wertvoll ist. Der wichtigste Kunstgriff der Natur, die weibliche Schönheit, verschwindet nach ihrer Zweckerfüllung, der Fortpflanzung, ja auch rasch. Das Individuum merkt, Betrogener des Gattungswillens geworden zu sein. (Störig, 1970, S. 358)

Ein wollüstiger Wahn gaukelt dem Mann vor, er werde in den Armen einer *bestimmten* Frau das größte Glück finden: *unendliche Seligkeit.* (Schopenhauer, 1977, IV, S. 632, 645) Auf objektiven, realen Vorzügen der Geliebten kann diese unendliche Wertschätzung schon deshalb nicht beruhen, weil man sie ja oft gar nicht (genug) kennt. (Ebenda, S. 645) Erst zu spät bemerkt man, daß Sex mit dieser Frau nicht besser ist als Sex generell. (Ebenda, S. 632)

Unendliche Wünsche hat nur die Gattung. Da das Individuum hier quasi stellvertretend für die Gattung fühlt, sind die Gefühle für das Individuum viel zu groß, es droht zu zerbersten. Das Überindividuelle, „Überirdische", Erhabene der Liebe, das Gefühl, in Angelegenheiten von transzendenter Wichtigkeit zu agieren, haben hier ihren Ursprung. Die physischen Wünsche erhalten eine hyperphysische Einkleidung. (Ebenda, S. 645, 649)

Bei der Liebe gerät der individuelle Wille so sehr in den Strudel des Willens der Gattung, daß im Falle des Unerfülltbleibens der Liebe das ganze Leben als sinnlos und nicht lebenswert erscheint. (Ebenda, S. 649) Aber auch die erfüllte Leidenschaft endet aufgrund des involvierten Wahns und seiner Implikationen oft katastrophal. (Ebenda, S. 650 ff.)

Im Dienste (des Fortbestands) der Gattung verraten die Liebenden das wohlverstandene Interesse der Beteiligten, indem sie die Not und Plackerei des Lebens, die ohne Fortpflanzung bald ein Ende fänden, prolongieren. (Ebenda, S. 656)

Unendliche Seligkeit

Schopenhauers Erläuterungen zur Liebesphänomenologie sind äußerst erhellend: Dinge, die einem bisher vollkommen rätselhaft waren, z. B. die ungeheure Macht und Kraft, mit der uns die Liebessehnsucht verfolgt, bekommen eine plausible, nachvollziehbare Erklärung. Eines bleibt freilich zunächst auch weiterhin völlig rätselhaft: Wie um alles in der Welt kommt es zu den merkwürdigen, extrem abgehobenen *Inhalten* unserer Liebesphantasien und -sehnsüchte? Zu Gedanken und Wünschen, die so überhaupt nichts mit dem Zweck, dem sie laut Schopenhauer einzig dienen, der Fortpflanzung, zu tun zu haben scheinen?

Den Schlüssel zum Verständnis dieser merkwürdigen Inhalte liefert die *„unendliche Seligkeit"*, die uns, wie Schopenhauer so eindringlich und anschaulich beschreibt, die Vereinigung mit dem Liebesobjekt verheißt.

Besser als mit „unendlicher Seligkeit" kann man, was wir uns vom Liebesobjekt erhoffen und ersehnen, in der Tat nicht beschreiben! Und warum die Natur zu einem so starken, ja nicht mehr überbietbaren Anreiz greift – etwas Erstrebenswerteres als unendliche Seligkeit ist schließlich kaum denkbar –, erschließt sich ebenfalls aus Schopenhauers Ausführungen:

- Ohne diese Vorgaukelung würden die Menschen den Geschlechtsverkehr samt allen Folgen schlicht nicht auf sich nehmen.
- Es geht um die Sicherung der Spezies, also um das für die Natur Wichtigste überhaupt.

So gesehen ist es nur „logisch", daß die Natur den Akt, der das Weiterleben garantiert, nicht nur mit körperlicher Lust belohnt, sondern quasi auch mit „seelischer Lust" – eben mit unendlicher Seligkeit, genauer: mit deren Verheißung. Plötzlich erscheinen die zunächst so rätselhaften Inhalte unserer Liebesphantasien und -sehnsüchte überhaupt nicht mehr rätselhaft: Die Elemente dieser unendlichen Seligkeit sind *natürlich* nichts anderes als die größten Sehnsüchte und Wünsche, die wir überhaupt haben: der Wunsch, verstanden zu werden, auch wortlos, intuitiv, „über Raum und Zeit", der Wunsch, geborgen zu sein, usw. Gerade diese völlig „unsexuellen" Dinge sind ja so typisch für die Liebesphantasien und -sehnsüchte und machen den Verlust des Liebesobjekts oder dessen Nichterreichen zu einer solchen Katastrophe.

Daß einem das Leben sinnlos erscheint, wenn man das Liebesobjekt nicht bekommt oder verliert, hat insofern seine „biologische Richtigkeit", als der „Sinn des Lebens" biologisch schlicht im Weiterleben, sprich: in der Fortpflanzung besteht – die jetzt aber, vorerst einmal, nicht erfolgt. „Verlieren" kann man das Liebesobjekt auch dadurch, daß die Verliebtheit, aus welchen Gründen immer, schwindet. Auch dann erscheint das Leben – wieder – sinnlos. Ohne die verliebtheitsbedingte Aufladung der Realität mit Gefühlen und Sinn erscheint die Welt als das, was sie ist: als völlig sinnfreies und sinnloses Geschehen. Über dem Leben liegt, schreibt Nietzsche, „ein golddurchwirkter Schleier von schönen Möglichkeiten ..., verheißend, widerstrebend, schamhaft, spöttisch, mitleidig, verführerisch. Ja, das Leben ist ein Weib!" (Beilage zur Zeit, 20, 2012, S. 23) Und dieser schöne Schleier ist dann eben weg!

Ein paar persönliche Bemerkungen zur „unendlichen Seligkeit": Jahre bevor ich bei Schopenhauer davon las, hatte ich für mich den Begriff „unendliche Freude" geprägt – zur Chrakterisierung des Gefühls, das man vor einem Treffen mit der Angehimmelten (welch treffender Ausdruck!) hat. Hans Werner Henze antwortete auf die Frage, was er denn empfinden würde, wenn Ingeborg Bachmann jetzt zur Tür hereinkäme, mit: „unendliche Freude". Eine grandiose musikalische Inszenierung der „unendlichen Seligkeit" ist meines Erachtens Lehars „Niemand liebt dich so wie ich". Mit welcher geradezu naßforschen Unverschämtheit die Natur ihr Spielchen mit uns treibt, zeigt, daß sie als vielleicht stärkste Symbolisierung der unendlichen Seligkeit etwas nimmt, dessen Bezug zur Fortpflanzung unübersehbar ist: den weiblichen Busen.

Literatur

Brockhaus Enzyklopädie in Zwanzig Bänden, Band XX. Wiesbaden: F. A. Brockhaus, 1974.

Freud, Sigmund: *Drei Abhandlungen zur Sexualtheorie.* Studienausgabe, Band V. Frankfurt am Main: S. Fischer, 1972.

Freud, Sigmund: *Jenseits des Lustprinzips.* Studienausgabe, Band III. Frankfurt am Main: S. Fischer, 1975.

Freud, Sigmund: *Das Motiv der Kästchenwahl.* Studienausgabe, Band X. Frankfurt am Main: S. Fischer, 1969.

Freud, Sigmund: *Trauer und Melancholie.* Studienausgabe, Band III. Frankfurt am Main: S. Fischer, 1975.

Freud, Sigmund: *Über die allgemeinste Erniedrigung des Liebeslebens.* Studienausgabe, Band V. Frankfurt am Main: S. Fischer, 1972.

Frisch, Max: *Entwürfe zu einem dritten Tagebuch.* Berlin: Suhrkamp, 2010.

Kaplan, Helmut F.: *Digitale Höllenfahrt: Zum Katastrophenpotential virtueller Kommunikation.* Norderstedt: Books on Demand, 2012a.

Kaplan, Helmut F.: *Freude, schöner Götterfunken: Glück zwischen Schmerz und Tod.* Norderstedt: Books on Demand, 2007.

Kaplan, Helmut F.: *Leben, Lieben, Leiden.* Norderstedt: Books on Demand, 2012b.

Laplanche, J., Pontalis, J.-B.: *Das Vokabular der Psychoanalyse.* Frankfurt am Main: Suhrkamp, 1972.

Nietzsche, Friedrich: *Ecce Homo.* München: Deutscher Taschenbuch Verlag, 2009.

Peters, Uwe Henrik: *Wörterbuch der Psychiatrie und medizinischen Psychologie.* München, Wien, Baltimore: Urban und Schwarzenberg, 1977.

Schneider, Wolfgang: *Lebensfreundlichekeit und Pessimismus: Thomas Manns Figurendarstellung.* Fankfurt am Main: Klostermann, *1999.*

Schopenhauer, Arthur: *Aphorismen zur Lebensweisheit.* Zürcher Ausgabe. Werke in zehn Bänden, Band VIII. Zürich: Diogenes, 1977.

Schopenhauer, Arthur: *Die Welt als Wille und Vorstellung.* Zürcher Ausgabe. Werke in zehn Bänden, Band I bis IV. Zürich: Diogenes, 1977.

Störig, Hans Joachim: *Kleine Weltgeschichte der Philosophie*. Stuttgart, Berlin, Köln, Mainz: W. Kohlhammer, 1970.

Walser, Martin: *Ein liebender Mann*. Reinbek: Rowohlt, 2008.

Walser, Martin: *Mein Jenseits*. Berlin University Press, 2010.

Walser, Martin: *Meßmers Reisen*. Frankfurt am Main: Suhrkamp, 2003.